2022 房地产经纪专业人员职业资格考试

房地产经纪人考试高频考点与真题解析
房地产经纪专业基础

58 安居客培训赋能中心
正房科技考试研究组　联合编写

杜　岩　刘惠鑫　金梦蕾　主　编

中国建筑工业出版社
中国城市出版社

图书在版编目（CIP）数据

房地产经纪人考试高频考点与真题解析. 房地产经纪专业基础/58安居客培训赋能中心，正房科技考试研究组联合编写；杜岩，刘惠鑫，金梦蕾主编. —北京：中国城市出版社，2022.8
2022房地产经纪专业人员职业资格考试
ISBN 978-7-5074-3501-6

Ⅰ.①房… Ⅱ.①5…②正…③杜…④刘…⑤金… Ⅲ.①房地产业—经纪人—资格考试—中国—自学参考资料 Ⅳ.①F299.233

中国版本图书馆CIP数据核字（2022）第139077号

　　本书是面向房地产经纪专业人员职业资格考试的复习辅导用书，帮助考生总结提炼考试要点、掌握考试规律。从考生应试需求出发，结合教材的章节编写，内容分为章节导引、章节核心知识点、真题实测、章节小测、模拟卷几部分。本书的主要特点是核心知识点突出、以练带学，能更有针对性、更突出重点地帮助经纪人员理解考点和加深记忆，是考前冲刺重要的复习资料。

责任编辑：毕凤鸣　封　毅
责任校对：赵　菲

2022房地产经纪专业人员职业资格考试
房地产经纪人考试高频考点与真题解析
房地产经纪专业基础
58安居客培训赋能中心
正房科技考试研究组　联合编写
杜　岩　刘惠鑫　金梦蕾　主　编

*

中国建筑工业出版社、中国城市出版社出版、发行（北京海淀三里河路9号）
各地新华书店、建筑书店经销
北京建筑工业印刷厂制版
北京圣夫亚美印刷有限公司印刷

*

开本：787毫米×1092毫米　1/16　印张：12¼　字数：301千字
2022年8月第一版　2022年8月第一次印刷
定价：36.00元
ISBN 978-7-5074-3501-6
（904488）

版权所有　翻印必究
如有印装质量问题，可寄本社图书出版中心退换
（邮政编码 100037）

本书编委会

主编单位:58安居客培训赋能中心　　　联合编写
　　　　　正房科技考试研究组

主　　编:杜　岩　刘惠鑫　金梦蕾

参编人员:赵汝霏　侯蕴藝　任芳芳
　　　　　孙亚欣　张　莹

前　言

一、为什么要编写这套考试辅导用书

多数房地产经纪从业人员希望通过国家职业资格考试，取得一个官方认证的合法身份。一线经纪人员如果没有相应的资格证书在手，业绩做得再好总少点底气和信心。首先，害怕被业主或者客户问有没有资格证，质疑自己的专业能力；其次，担心政府管理部门检查有没有持证上岗，整天提心吊胆；再有，就是不能在经纪服务合同上签名，做业务名不正言不顺。据统计，全国已经有20多万人取得房地产经纪专业资格证书，还没有通过考试的人压力会越来越大。这些苦恼，迫使经纪从业人员亟需通过职业资格考试取得一个专业身份。

愿望很美好，现实很残酷。一线房地产经纪人员平时工作繁忙，每天怀揣着财富梦努力开发、带看、做单、冲业绩，一周工作6天，常常从早9点忙到晚11点，节假日更是最忙的时候，几乎没有时间看书、复习。经纪人考试四本书，加起来1000多页；协理考试两本书，也有好几百页，怎么办？于是我们组织编写了本套考试辅导用书，旨在帮助经纪人员更好地理解教材内容，事半功倍达到复习效果。

二、这是一本什么样的考试辅导用书

这是一套从考生应试需求出发，总结提炼考试要点、掌握考试规律的复习辅导用书。本书的编写目的，是帮助胸有成竹的考生考出优异的成绩；帮助没有足够时间看书复习的考生提高复习效率；帮助临场没有太大把握的考生提高应试技巧；帮助没有太多时间看书的考生多掌握必备知识点。本书的编写人员拥有多年考试辅导经验，熟读考试用书，精通命题规律，了解历年核心知识点，掌握解题技巧。

本书内容分为【章节导引】【章节核心知识点】【真题实测】【章节小测】【模拟卷】几部分。

【章节导引】用关系图的形式，帮助考生一目了然地掌握知识要点的逻辑关系，概览知识体系。

【章节核心知识点】对经纪人员应知应会内容进行总结和提炼，帮助考生快速掌握考试的要点和命题的重点。

【真题实测】和【章节小测】从应试角度出发，结合历年的真实考题，梳理相关核心知识点，进行章节测试，辅之详细的解析，提高考生的解题能力。

【模拟卷】仿照考试真题，按照真实考试题型题量及分布的要求拟定的考试模拟题，帮助考生模拟考试实战。

综上，本书的主要特点是核心知识点突出、以练带学，能更有针对性、更突出重点地帮助经纪人员理解考点和加深记忆，是考前冲刺重要的复习资料。

三、这套考试辅导用书能解决什么问题

考生的情况千差万别，这套书如何兼顾不同的情况？到底能解决什么问题？编写者动笔之前就明确了本书要解决的问题。

如果考生没有充足的复习备考时间，本书中的"核心知识点"可以让考生提高学习效率，节省复习时间。

如果考生的解题技巧不娴熟，本书的解题分析可以帮助考生了解解题思维，掌握解题技巧，让考生做题时驾轻就熟。

如果考生对考试的形式比较陌生，本书的模拟卷可以让考生提前练兵，考试时面对真题似曾相识，镇定自若。

如果考生到考试了还没看完书，本书可以让考生临阵磨枪，尽可能利用解题技巧多做对题。

如果考生已看过多遍考试用书，本书的模拟试题可以检测考生的复习效果，考查考试用书的掌握情况。

需要说明的是，本书只是概括了核心知识点，并不能囊括教材中的所有知识点，考生也可根据自己对不同章节知识的掌握程度、时间安排等进行自我学习规划。

四、希望更多的考生能够看到这套用书

房地产经纪是一个不靠关系、不求人的公平竞争的行业，很多草根出身的年轻人通过努力做单，实现了人生财富的累积。房地产经纪专业人员职业资格考试，相对于业务竞争更加公平、有序，复习的一分一秒一定会转化为一个对题一个得分。当然，公平不可能是绝对的，业务上同样的努力，因所在区域或商圈不同，工作业绩差异很大；复习上花费同样的时间，如果没有选对考试辅导用书，就可能因几分之差而需继续准备下一年的考试。

最后，希望更多的人看到本套辅导用书，通过高效率的复习，顺利通过考试，成功完成房地产经纪专业人员身份的逆袭。恳请广大读者提出宝贵意见，便于后期修订。

编者

2022年4月

目　录

第一章　房地产和住宅 ··· 1
【章节导引】 ··· 1
【章节核心知识点】 ··· 1
核心知识点 1：房地产概述 ··· 1
小知识点 1-1：建筑物、构筑物和其他相关定着物 ·· 1
小知识点 1-2：房地产实物、权益和区位的含义 ··· 2
核心知识点 2：房地产的主要特性 ·· 2
核心知识点 3：住宅的类型 ··· 3
核心知识点 4：房屋面积的种类 ··· 5
核心知识点 5：房地产识图 ··· 5
小知识点 5-1：地图和地形图 ·· 5
小知识点 5-2：房地产图 ·· 6
小知识点 5-3：建筑总平面图和建筑平面图 ··· 6
核心知识点 6：房地产形象展示 ··· 7
【真题实测】 ··· 8
【真题实测答案】 ·· 8
【章节小测】 ··· 9
【章节小测答案】 ·· 10

第二章　建筑和装饰装修 ··· 12
【章节导引】 ··· 12
【章节核心知识点】 ··· 12
核心知识点 1：建筑物的主要分类 ·· 12
核心知识点 2：对建筑物的主要要求 ··· 13
核心知识点 3：建筑构造组成 ·· 14
小知识点 3-1：地基和基础 ··· 14
小知识点 3-2：墙和柱 ··· 15

小知识点 3-3：门和窗 ·· 15
　　小知识点 3-4：地面、楼板和梁 ··· 15
　核心知识点 4：承重墙和非承重墙 ··· 17
　核心知识点 5：给水排水、供电、燃气、供暖系统及设备 ······················· 17
　核心知识点 6：电梯 ·· 19
　核心知识点 7：建筑材料的基本性质 ··· 19
　核心知识点 8：建筑装饰装修的作用 ··· 20
　核心知识点 9：装饰装修的基本要求 ··· 21
【真题实测】·· 22
【真题实测答案】·· 22
【章节小测】·· 23
【章节小测答案】·· 24

第三章 城市环境和景观 ·· 26
【章节导引】·· 26
【章节核心知识点】·· 26
　核心知识点 1：城市的概念和类型 ··· 26
　核心知识点 2：城市化 ·· 28
　　小知识点 2-1：城市化发展阶段 ·· 28
　　小知识点 2-2：城市化的类型 ·· 28
　核心知识点 3：城市规划相关术语和指标 ··· 29
　核心知识点 4：城市居住区的区位选择 ··· 30
　核心知识点 5：环境 ·· 30
　　小知识点 5-1：环境的分类 ·· 30
　　小知识点 5-2：住宅的环境好坏 ·· 31
　核心知识点 6：景观的分类 ·· 31
　核心知识点 7：环境污染概述 ·· 32
　核心知识点 8：环境污染类型 ·· 33
　　小知识点 8-1：噪声污染 ·· 33
　　小知识点 8-2：空气污染 ·· 34
　　小知识点 8-3：辐射污染 ·· 35
　　小知识点 8-4：室内环境污染 ·· 36
【真题实测】·· 37

【真题实测答案】……37
【章节小测】……38
【章节小测答案】……39

第四章 房地产市场及其运行……41

【章节导引】……41
【章节核心知识点】……41
  核心知识点1：房地产市场的概念和要素……41
  核心知识点2：房地产市场的作用和特点……42
  核心知识点3：房地产市场的主要参与者……43
  核心知识点4：房地产市场的分类……44
  核心知识点5：房地产市场需求……45
  核心知识点6：房地产市场供给……46
  核心知识点7：房地产市场结构……48
  核心知识点8：房地产市场周期……48
  核心知识点9：房地产市场走势判断……49
【真题实测】……50
【真题实测答案】……51
【章节小测】……52
【章节小测答案】……53

第五章 房地产价格及其评估……55

【章节导引】……55
【章节核心知识点】……55
  核心知识点1：房地产价格的特点……55
  核心知识点2：房地产价格的主要种类……56
  核心知识点3：房地产价格的影响因素……58
  核心知识点4：房地产价格的评估方法……59
    小知识点4-1：比较法……60
    小知识点4-2：收益法……60
    小知识点4-3：成本法……60
【真题实测】……61
【真题实测答案】……62
【章节小测】……62

【章节小测答案】······64

第六章 房地产投资及其评价······66

【章节导引】······66

【章节核心知识点】······66

核心知识点1：投资的特征以及房地产投资的类型······66

核心知识点2：房地产投资的一般步骤······67

核心知识点3：资金的时间价值的含义······68

核心知识点4：单利和复利······69

核心知识点5：名义利率和实际利率······70

核心知识点6：房地产投资项目现金流量测算······71

核心知识点7：房地产投资项目经济评价指标和方法······71

核心知识点8：房地产投资的主要风险及应对······72

【真题实测】······74

【真题实测答案】······74

【章节小测】······75

【章节小测答案】······76

第七章 房地产金融和贷款······78

【章节导引】······78

【章节核心知识点】······78

核心知识点1：房地产金融的概念和职能······78

核心知识点2：我国现行金融机构体系······79

核心知识点3：信用······80

核心知识点4：利率的分类和影响因素······80

核心知识点5：房地产贷款的主要种类······82

核心知识点6：房地产贷款的主要参与者······83

核心知识点7：个人住房贷款的相关术语······83

核心知识点8：个人住房贷款的种类······85

核心知识点9：个人住房贷款的有关选择······85

【真题实测】······86

【真题实测答案】······87

【章节小测】······87

【章节小测答案】······89

第八章　法律和消费者权益保护 ··· 91
【章节导引】 ··· 91
【章节核心知识点】 ··· 91
核心知识点1：中国现行法律体系 ··· 91
核心知识点2：法律的适用范围 ··· 92
核心知识点3：法律适用的基本原则 ··· 93
核心知识点4：消费者的权利 ··· 93
核心知识点5：经营者的义务 ··· 94
核心知识点6：消费者权益争议的解决 ··· 95
【真题实测】 ··· 96
【真题实测答案】 ··· 96
【章节小测】 ··· 97
【章节小测答案】 ··· 98

第九章　民法典有关内容和规定 ··· 100
【章节导引】 ··· 100
【章节核心知识点】 ··· 101
核心知识点1：民事关系 ··· 101
核心知识点2：民事活动的基本原则 ··· 101
核心知识点3：自然人 ··· 102
核心知识点4：民事权利的种类 ··· 103
核心知识点5：民事法律行为 ··· 104
核心知识点6：代理 ··· 104
核心知识点7：民事责任和诉讼时效 ··· 105
核心知识点8：房地产相关权利 ··· 106
小知识点8-1：物权 ··· 106
小知识点8-2：所有权 ··· 107
小知识点8-3：用益物权 ··· 108
小知识点8-4：担保物权 ··· 108
核心知识点9：民法典合同编 ··· 109
核心知识点10：违约责任 ··· 111
核心知识点11：买卖合同与租赁合同 ··· 112
核心知识点12：委托合同和中介合同 ··· 114

核心知识点 13：《民法典》婚姻家庭编 ·· 115
　核心知识点 14：《民法典》继承编 ·· 116
　【真题实测】 ·· 117
　【真题实测答案】 ··· 118
　【章节小测】 ·· 119
　【章节小测答案】 ··· 120

第十章　消费心理与营销心理 ·· 122
　【章节导引】 ·· 122
　【章节核心知识点】 ··· 122
　核心知识点 1：消费者的心理过程 ·· 122
　核心知识点 2：消费者的个性心理特征 ·· 124
　核心知识点 3：消费者的需要 ·· 125
　核心知识点 4：不同年龄消费者的心理与行为 ··· 125
　核心知识点 5：价格心理 ·· 127
　核心知识点 6：购房人的类型及相应的营销策略 ·· 128
　核心知识点 7：房地产经纪人的心理压力及其应对 ·· 128
　【真题实测】 ·· 130
　【真题实测答案】 ··· 130
　【章节小测】 ·· 131
　【章节小测答案】 ··· 132

房地产经纪专业基础模拟卷（一） ·· 135
房地产经纪专业基础模拟卷（二） ·· 146
房地产经纪专业基础模拟卷答案解析（一） ··· 157
房地产经纪专业基础模拟卷答案解析（二） ··· 169
后记 ··· 181
编者简介 ··· 182

第一章 房地产和住宅

【章节导引】

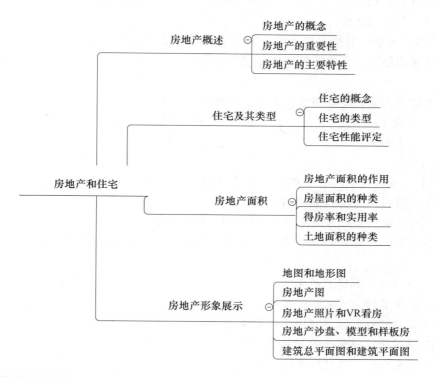

【章节核心知识点】

核心知识点 1：房地产概述

严谨意义上的房地产，是指土地以及建筑物和其他相关定着物，是实物、权益、区位三位一体的财产或资产。因此，这个核心知识点我们需要掌握两个部分的内容：

小知识点 1-1：建筑物、构筑物和其他相关定着物

1. 建筑物：广义的建筑物也称为建筑，包括房屋和构筑物，是指用建筑材料构筑的空间和实体。狭义的建筑物主要指房屋，是指供人们在其内部进行生活或工作、生产等活动的建筑空间，如住宅、商铺、办公楼、酒店、厂房、仓库等。

2. 构筑物：是指人们一般不直接在其内部进行生活或工作、生产等活动的工程实体或附属建筑设施，如室外泳池、喷水池、烟囱、水塔等。

3. 其他相关定着物：是指附着或结合在土地或建筑物上不可分离的部分，从而成为土地或建筑物的组成部分或从物，应随着土地或建筑物转让而一并转让的物，但当事人另有约定的除外。而已安装在房屋中的房门，其钥匙虽可随身携带，但应视为其他相关定着物，是房门或房屋的从物，房屋交付时应"交钥匙"。

小知识点 1-2：房地产实物、权益和区位的含义

1. 房地产实物：是指房地产中有形（看得见、摸得着）的部分，如房屋的面积、建筑外观、建筑结构、设施设备、装饰装修、内部格局（如户型）、新旧程度等，土地的面积、形状、地形、地势等。

2. 房地产权益：是指房地产中无形（看不见、摸不着）的部分，是附着在房地产实物上的权利、利益和义务。

3. 房地产区位：是指房地产的空间位置，通俗地说就是地段。一宗房地产的区位状况主要包括地理位置、交通条件、外部配套和周围环境4个方面。

1.（单选题）下列建筑物中，不属于构筑物的是（　　）。
　　A. 烟囱　　　　　　　　　　B. 水塔
　　C. 室外泳池　　　　　　　　D. 地下室
【答案】D
【解析】构筑物是指人们一般不直接在其内部进行生活或工作、生产等活动的工程实体或附属建筑设施。选项D属于建筑物。
【出处】《房地产经纪专业基础》（第四版）P2

2.（多选题）房地产与动产和无形资产均有本质区别，可以用"三位一体"来概括，具体为（　　）。
　　A. 看得见、摸得着的实物
　　B. 基于实物描述需要而明确的区位
　　C. 其不可移动性，非同质性等特性
　　D. 其质量、性能、产权的鉴别很复杂的特点
　　E. 其无形的、不可触摸的权益
【答案】ABE
【解析】房地产是实物、权益、区位的"三位一体"，房地产实物是指房地产中有形（看得见、摸得着）的部分，房地产权益是指房地产中无形（看不见、摸不着）的部分，房地产区位是指房地产的空间位置，通俗地说就是地段。
【出处】《房地产经纪专业基础》（第四版）P3

核心知识点 2：房地产的主要特性

房地产的特性主要有不可移动、各不相同、寿命长久、供给有限、价值较大、相互影响、易受限制、较难变现和保值增值。这些特性中，有的是房地产的优势，如保值增值、寿命长久；有的是房地产的不足，如较难变现、易受限制。

1. 不可移动：房地产的位置是固定的，不能移动。房地产市场调控因此有"因城施策"。

2. 各不相同：房地产的各不相同特性，使得市场上没有完全相同的房地产供给，房地产之间难以完全替代，房地产市场不是完全竞争市场，房地产价格千差万别，且通常是"一房一价"。

3. 寿命长久：房地产是非常经久耐用的物品。房屋的使用寿命通常可达数十年以上，例如住宅建筑结构的设计使用年限不应少于50年。

4. 供给有限：土地供给总量不可增加，尤其是地理位置优越的土地供给有限，这就造成了房屋特别是区位较好的房屋数量有限，甚至使某些优质地段的房地产成为十分稀缺的商品。

5. 价值较大：与一般商品相比，房地产不仅单价高，而且总价大。

6. 相互影响：房地产因不可移动、寿命长久，其用途、外观、建筑高度等状况通常会对周围的房地产产生较大而长久的影响；反过来，周围房地产的这些状况也会影响该房地产。

7. 易受限制：政府对房地产的限制常见的有城市规划、土地用途管制和房地产市场调控。

8. 较难变现：也称为变现能力较弱、流动性较差。

9. 保值增值：房地产因寿命长久、供给有限，以及随着交通条件改善、环境美化、人口增长等，其原有的价值通常可以得到保持，甚至不断增加。

1. （单选题）每宗房地产与市中心、公园、学校等的距离及其对外交通、外部配套设施、周围环境等，均有一定的相对稳定的状态，这体现了房地产的（　　）的特性。

　　A. 各不相同　　　　　　　　B. 不可移动
　　C. 供给有限　　　　　　　　D. 易受限制

【答案】B

【解析】房屋因"扎根"在土地之中，其位置通常也是固定的。因位置不能移动，每宗房地产与市中心、公园、学校、医院等的距离及其对外交通、外部配套设施、周围环境等，均有一定的相对稳定的状态，从而形成了每宗房地产独特的自然地理位置和社会经济位置，使得不同的房地产之间有区位好坏差异。

【出处】《房地产经纪专业基础》（第四版）P6

2. （单选题）在我国，住宅建设用地使用权的出让年限是（　　）。

　　A. 40年　　　　　　　　　　B. 50年
　　C. 60年　　　　　　　　　　D. 70年

【答案】D

【解析】住宅建设用地使用权的出让年限最长，一般为70年。

【出处】《房地产经纪专业基础》（第四版）P7

核心知识点3：住宅的类型

1. 低层住宅、多层住宅、高层住宅和超高层住宅

按高度划分：

（1）低层或多层住宅：地上建筑高度不大于27.0m；

（2）高层住宅：地上建筑高度大于27.0m、不大于100.0m；

（3）超高层住宅：地上建筑高度大于100.0m。

按层数划分：

（1）低层住宅：层数为1~3层的住宅；

（2）多层住宅：层数为4~9层的住宅；

（3）高层住宅：层数为10层及以上的住宅。

2. 低密度住宅和高密度住宅

反映密度的常用指标是容积率，是指一定用地范围内建筑面积总和与该用地总面积的比值。容积率越大，意味着密度越高。住宅小区的容积率通常为2.0~2.5。容积率在1.5以下特别是在1.0以下的住宅，可视为低密度住宅。

低密度住宅又分为低层低密度、多层低密度和高层低密度住宅，高密度住宅又分为低层高密度、多层高密度和高层高密度住宅。

反映密度的主要指标是建筑间距和建筑密度，建筑间距是两栋建筑物外墙面之间的水平距离。建筑密度是指一定用地范围内建筑基底面积总和与该用地总面积的比率。

对住宅使用人来说，容积率越小、建筑间距越大、建筑密度越小越好。

在其他状况相同的情况下，其优劣顺序一般是：低层低密度、多层低密度、高层低密度、低层高密度、多层高密度、高层高密度住宅。

3. 平层住宅、错层住宅、复式住宅和跃层住宅

（1）平层住宅：是一套住宅内的各个功能空间均在同一平面上的住宅；

（2）错层住宅：是一套住宅内的各个功能空间不在同一平面上，但未分成上下两层，仅用一定的高度差进行空间隔断的住宅；

（3）复式住宅：在层高较高的一层楼中局部增建一个夹层，从而形成上下两层的住宅；

（4）跃层住宅：套内空间跨越上下两个楼层且设有套内楼梯的住宅。

层高是指上下相邻两层楼面或楼面与地面之间的垂直距离，它大于室内净高。《住宅设计规范》GB 50096—2011规定，住宅层高宜为2.80m，卧室、起居室（厅）的室内净高不应低于2.40m，厨房、卫生间的室内净高不应低于2.20m。

1. （多选题）下列特点中属于低楼层的住宅优点的有（　　）。

　　A. 出入方便　　　　　　　　B. 火灾发生易逃生

　　C. 采光和视野较好　　　　　D. 噪声较少

　　E. 灰尘和蚊虫较少

【答案】AB

【解析】低楼层住宅的出入较方便，不太担心电梯因停电、发生故障带来的问题，尤其是如遇火灾等灾害时易逃生，一般没有二次给水可能发生的供水二次污染问题。

【出处】《房地产经纪专业基础》（第四版）P11

2. （单选题）下列关于住宅使用人感受的说法中，正确的是（　　）。

　　A. 容积率越大越好　　　　　B. 建筑间距越大越好

C. 建筑密度越大越好　　　　　　D. 建筑高度越大越好

【答案】B

【解析】对住宅使用人来说，容积率越小、建筑间距越大、建筑密度越小越好。

【出处】《房地产经纪专业基础》（第四版）P11

核心知识点 4：房屋面积的种类

1. 建筑面积：是指房屋各层水平平面面积的总和，即房屋外墙勒脚以上各层水平投影面积的总和，包括设备房、地下室、阳台、挑廊、楼梯间或电梯间等的面积。其中，成套房屋的建筑面积通常是指分户的建筑面积，如一套住宅的建筑面积，是以一个套间为单位的建筑面积，由套内建筑面积和分摊的共有公用建筑面积（简称公摊面积）组成。

2. 套内建筑面积：即成套房屋的套内建筑面积，俗称"关门面积"，由套内使用面积、套内墙体面积、套内阳台建筑面积组成。

3. 使用面积：是指房屋户内实际能使用的面积，俗称"地毯面积"或地面面积、地板面积，按房屋的内墙面水平投影计算，不包括墙、柱等结构构造和保温层的面积，也不包括阳台面积。

4. 套内墙体面积：是指套内使用空间周围的围护或承重墙体或其他承重支撑体所占的面积，其中各套之间的分隔墙和套与公共建筑空间的分隔墙以及外墙等共有墙，均按水平投影面积的一半计入套内墙体面积。套内自有墙体按水平投影面积全部计入套内墙体面积。

5. 套内阳台建筑面积：均按阳台外围与房屋外墙之间的水平投影面积计算。其中，封闭的阳台按其外围水平投影面积全部计算建筑面积，未封闭的阳台按其围护结构外围水平投影面积的一半计算建筑面积。

6. 分摊的共有公用建筑面积：简称公摊面积，是指某个房屋产权人在共有公用建筑面积中所分摊的面积。共有公用建筑面积是指各房屋产权人共同占有或共同使用的建筑面积。

1.（单选题）建筑面积是由套内建筑面积和（　　　）组成。
   A. 套内使用面积　　　　　　　　B. 阳台建筑面积
   C. 套内墙体面积　　　　　　　　D. 分摊的共有公用建筑面积

【答案】D

【解析】建筑面积＝套内建筑面积＋公摊面积。

【出处】《房地产经纪专业基础》（第四版）P17

核心知识点 5：房地产识图

小知识点 5-1：地图和地形图

1. 地图：说明地球表面的事物和现象分布情况的图。根据地图表示的内容，分为普通地图（主要的地形图）和专题地图（专门地图或主题地图，如交通图、楼盘地图等）；

2. 地形图：按照一定的比例，用规定的符号表示地物、地貌的平面位置和高程的正射投影图。由于地形图具有现势性和可量测性的特点，决定了地形图是基础用图，可作为各种专题地图的底图，应用广泛。

小知识点 5-2：房地产图

1. 户型图：是该套住宅的平面空间布局图。一般可以直观地看出该套住宅内部各个独立空间的数量、使用功能（如门厅、客厅、餐厅、卧室、厨房、卫生间、过道、书房、衣帽间、储藏室、壁柜、阳台等）、相对位置、面积、长宽、朝向、门窗位置等情况。

2. 房产分户图：房产分户图也称为房产分户平面图，是以产权登记户为绘制对象，以一户产权人为单位，表示房屋权属范围的细部，以明确异产毗连房屋的权利界线，是房屋产权证的附图。该图表示的内容主要有：房屋权界线、四面墙体的归属和楼梯、走道等部位以及门牌号、所在层次、户号、室号、建筑面积、房屋边长等。

3. 宗地图：通过实地调查绘制的，包括一宗地的宗地号、地类号、宗地面积、界址、邻宗地号及邻宗地界址示意线等内容的专业图。宗地图详尽准确地表示了该宗地的地籍内容及该宗地周围的权属单位和四至，是核发土地权属证书和地籍档案的附图。

小知识点 5-3：建筑总平面图和建筑平面图

1. 建筑总平面图：

用来说明建筑场地内的房屋、道路、绿化等的总体布置的平面图。它反映的范围一般较大，可反映出以下内容：① 该建筑场地的位置、形状、大小；② 建筑物在场地内的位置及与邻近建筑物的相对位置；③ 场地内的道路布置与绿化安排；④ 建筑物的朝向（通常用指北针或风玫瑰图表示）；⑤ 建筑物首层室内地面与室外地坪及道路的绝对标高；⑥ 扩建建筑物的预留地。

2. 建筑平面图：用一水平的剖切面沿门窗洞位置将建筑物剖切后，对剖切面以下部分所做的水平投影图：① 建筑物的平面形状，出口、入口、走廊、楼梯、房间、阳台等的布置和组合关系；② 建筑物及其组成房间的名称、尺寸和墙厚；③ 走廊、楼梯的位置及尺寸；④ 门、窗的位置及尺寸；⑤ 台阶、阳台、雨篷、散水的位置及尺寸；⑥ 室内地面的高度。

1.（多选题）从建筑总平面图中可以反映出（　　）。
　　A. 建筑物的朝向　　　　　　　B. 建筑物出口
　　C. 室内地面的高度　　　　　　D. 建筑场地的位置
　　E. 场地内的绿化安排
【答案】ADE
【解析】建筑总平面图可以看出的内容：① 该建筑场地的位置、形状、大小；② 建筑物在场地内的位置及邻近建筑物的相对位置；③ 场地内的道路布置与绿化安排；④ 建筑物的朝向；⑤ 建筑物首层室内地面与室外地坪及道路的绝对标高；⑥ 扩建建筑物的预留地。
【出处】《房地产经纪专业基础》（第四版）P24

2.（单选题）可以看出建筑物的平面形状，出口、入口、走廊、楼梯、房间阳台等的布置和组合关系的是（　　）。
　　A. 建筑总平面图　　　　　　　B. 建筑平面图

C. 房产图　　　　　　　　　　D. 户型图

【答案】B

【解析】从建筑平面图上可以看出以下内容：① 建筑物的平面形状，出口、入口、走廊、楼梯、房间、阳台等的布置和组合关系；② 建筑物及其组成房间的名称、尺寸和墙厚；③ 走廊、楼梯的位置及尺寸；④ 门、窗的位置及尺寸；⑤ 台阶、阳台、雨篷、散水的位置及尺寸；⑥ 室内地面的高度。

【出处】《房地产经纪专业基础》（第四版）P26

3.（单选题）建筑总平面图上的室外地坪标高通常采用的是（　　）。

　　A. 相对标高　　　　　　　　　B. 正数标高
　　C. 负数标高　　　　　　　　　D. 绝对标高

【答案】D

【解析】建筑总平面图上的室外地坪标高通常采用绝对标高，其余图纸采用相对标高。

【出处】《房地产经纪专业基础》（第四版）P25

核心知识点 6：房地产形象展示

1. 房地产照片和 VR 看房

二手房的房源信息通常有外观照片和室内照片，以较直观地反映房源的外观状况以及室内客厅、卧室、厨房、卫生间等主要房间的装饰装修等状况。新建商品房为现房的，通常有所谓的"实景"照片。

VR 看房或所谓"全景式看房"，是利用虚拟现实技术或称灵境技术，直观、立体、动态、远程反映房源状况，可使客户沉浸到房源的室内外环境中，有身临其境的感觉，体验到真实的感受，有助于提升客户体验。

2. 房地产沙盘、模型和样板房

沙盘一般是针对整个项目（通常为小区）制作的，可以较直观、立体地反映小区的整体情况，小区内各幢楼的相对位置、间距和朝向，小区内的道路分布、出入口数量和位置，以及周边道路和环境等。

模型一般是针对不同的户型制作的，可理解为立体的"户型图"。

样板房比模型更能直观、真实反映房屋状况，特别是能够进入室内体验房屋内部状况，尤其是室内装饰装修后的效果。样板房有临时样板房和实体样板房。

1.（多选题）王某到一售楼处看房时，销售顾问张某详细询问了王某的购房需求，并采用沉浸式具有身临其境效果的手段展示了推荐房源。该种推荐房源的手段可能为（　　）。

　　A. 房地产照片　　　　　　　　B. VR 看房
　　C. 房地产沙盘　　　　　　　　D. 样板房

【答案】B

【解析】VR 看房或所谓"全景式看房"，是利用虚拟现实技术或称灵境技术，直观、立体、动态、远程反映房源状况，可使客户沉浸到房源的室内外环境中，有身临其境的感觉，体验到真实的感受，有助于提升客户体验。

【出处】《房地产经纪专业基础》（第四版）P24

【真题实测】

一、单选题（每个备选答案中只有一个最符合题意）

1. 二手房买卖中，房屋面积一般依据的是（　　）。
   A. 合同约定面积　　　　　　　　B. 预测面积
   C. 买卖双方测量面积　　　　　　D. 产权登记面积
2. 房地产市场调控"因城施策"主要是基于房地产（　　）的特性。
   A. 价值较大　　　　　　　　　　B. 难以变现
   C. 不可移动　　　　　　　　　　D. 易受限制
3. 房地产买卖中，如卖方不打算将其房屋一并转让，应予以书面列举说明的是（　　）。
   A. 院内种植的果树　　　　　　　B. 车库里停放的旧车
   C. 墙上挂的油画　　　　　　　　D. 客厅里摆放的家具
4. 房龄的起算时间一般是（　　）。
   A. 入住之日　　　　　　　　　　B. 开工建设之日
   C. 竣工之日　　　　　　　　　　D. 开始销售之日

二、多选题（每个备选答案中有两个或两个以上符合题意）

5. 从住房户型图中可以得到的信息有（　　）。
   A. 房间数量和相对位置　　　　　B. 房间面积和长宽
   C. 房屋权利界限　　　　　　　　D. 房间朝向和门窗位置
   E. 四面墙体的归属
6. 在新建商品房买卖中，影响得房率大小的主要因素有（　　）。
   A. 房间数量　　　　　　　　　　B. 小区绿化
   C. 建筑结构　　　　　　　　　　D. 墙体材料
   E. 建筑形式

【真题实测答案】

1. 【答案】D

【解析】存量房买卖中依据的面积一般是产权登记面积。

【出处】《房地产经纪专业基础》（第四版）P19

2. 【答案】C

【解析】房地产的不可移动特性，决定了它不像动产商品那样能够在不同地区之间调剂余缺，从供给过剩、需求不足、价格较低的地区，运送到供给短缺、需求旺盛、价格较高的地区。房地产市场调控因此有"因城施策"。

【出处】《房地产经纪专业基础》（第四版）P6

3. 【答案】A

【解析】为了防止在房地产买卖中对买卖标的物范围的误解或纠纷甚至欺诈，标的物范围如果不包含属于房地产的财产的，比如房屋内安装的门锁、厨房设备、卫生洁具、吊顶、壁灯、窗帘、院内搭建的亭子，安装或建造的装饰物，种植的树木等，应予以书面列举说明，未书面列举说明的，一般应理解为在标的物范围内。

【出处】《房地产经纪专业基础》（第四版）P3

4.【答案】C

【解析】房龄也叫楼龄、屋龄，即房屋的年龄或已使用年限，一般自房屋竣工之日起计算，不论房屋一直在使用还是空着不用，都计算在内。

【出处】《房地产经纪专业基础》（第四版）P9

5.【答案】ABD

【解析】从户型图上一般可以直观地看出该套住宅内部各个独立空间的数量、使用功能（如门厅、客厅、餐厅、卧室、厨房、卫生间、过道、书房、衣帽间、储藏室、壁柜、阳台等）、相对位置、面积、长宽、朝向、门窗位置等情况。

【出处】《房地产经纪专业基础》（第四版）P22

6.【答案】ACDE

【解析】影响得房率大小的因素主要有：建筑形式、建筑结构、外墙厚度、房间数量。

【出处】《房地产经纪专业基础》（第四版）P20

【章节小测】

一、单选题（每个备选答案中只有一个最符合题意）

1. 房地产交易流程复杂、交易成本较高等原因，使得房地产一旦需要出售，通常要花较长的时间才能售出，体现了房地产具有（　　）的特点。
   A. 相互影响　　　　　　　　B. 价值较大
   C. 较难变现　　　　　　　　D. 供给有限

2. 张某购买一套住房，其阳台规划时是未封闭的，但是张某入住后将阳台封闭了，阳台的建筑面积按照（　　）计算。
   A. 全部　　　　　　　　　　B. 1/2
   C. 1/3　　　　　　　　　　D. 2/3

3. 地面或建筑物上的一点和作为基准的水平面之间的垂直距离称为（　　）。
   A. 距离　　　　　　　　　　B. 标高
   C. 高程　　　　　　　　　　D. 水准点

4. 核发土地权属证书和地籍档案的附图是（　　）。
   A. 房产分户图　　　　　　　B. 房产平面图
   C. 户型图　　　　　　　　　D. 宗地图

5. 建筑总平面图和建筑平面图是（　　）中的一部分。
   A. 施工图　　　　　　　　　B. 地形图
   C. 房产图　　　　　　　　　D. 户型图

6. 能够充分反映自然地貌，具有现势性和可量测性特点的图是（　　）。
   A. 专题地图　　　　　　　　B. 普通地图

C. 宗地图   D. 地形图

二、多选题（每个备选答案中有两个或两个以上符合题意）

7. 最常见的衡量一宗房地产区位的方式有（ ）。
   A. 空间直线距离   B. 同行效率距离
   C. 交通路线距离   D. 交通时间距离
   E. 道路选择距离

8. 房屋户内实际能使用的面积不包括（ ）。
   A. 阳台面积   B. 保温层的面积
   C. 卧室的面积   D. 餐厅的面积
   E. 墙、柱等结构构造

9. 下列选项中，不属于房地产其他相关定着物的是（ ）。
   A. 挂在墙上面的画   B. 厨房设备
   C. 地下管线   D. 水池
   E. 车库里的汽车

10. 住宅环境性能的评定内容有（ ）。
    A. 建筑造型   B. 用地与规划
    C. 公共服务设施   D. 隔声性能
    E. 无障碍设施

【章节小测答案】

1. 【答案】C

【解析】房地产由于价值较大、各不相同、不可移动、易受限制，加上交易流程复杂、交易成本较高等原因，使得房地产一旦需要出售时，通常需要较长时间才能售出。体现了较难变现的特点。

【出处】《房地产经纪专业基础》（第四版）P8

2. 【答案】B

【解析】封闭的阳台按其外围水平投影面积全部计算建筑面积，未封闭的阳台按其围护结构外围水平投影面积的一半计算建筑面积。需要注意的是，阳台是否封闭，是指按规划在房屋建成交付时是否封闭，如果购房人购买后将未封闭的阳台封闭的，仍然只计算一半建筑面积。

【出处】《房地产经纪专业基础》（第四版）P18

3. 【答案】B

【解析】标高是地面或建筑物上的一点和作为基准的水平面之间的垂直距离，有绝对标高和相对标高。

【出处】《房地产经纪专业基础》（第四版）P25

4. 【答案】D

【解析】宗地图是通过实地调查绘制的，包括一宗地的宗地号、地类号、宗地面积、界址、邻宗地号及邻宗地界址示意线等内容的专业图。宗地图详尽准确地表示了该宗地的地籍内容及该宗地周围的权属单位和四至，是核发土地权属证书和地籍档案的附图。

【出处】《房地产经纪专业基础》（第四版）P23

5.【答案】A

【解析】建筑总平面图和建筑平面图是房屋建筑图（又称施工图）中的一部分。房屋建筑图是将拟建建筑物的内外形状和大小，以及各部分的结构、构造、装饰装修、设备等内容，按照有关规范规定，用正投影方法，详细准确地画出的图。

【出处】《房地产经纪专业基础》（第四版）P24

6.【答案】D

【解析】地形图不仅能充分反映了自然地貌，还把经过人工改造的环境也详尽地反映在图上。由于地形图具有现势性和可量测性的特点，决定了地形图是基础用图，可作为各种专题地图的底图，应用广泛。

【出处】《房地产经纪专业基础》（第四版）P21

7.【答案】ACD

【解析】衡量一宗房地产的区位优劣，最简单的是看它与有关重要场所的距离。距离可以分为空间直线距离、交通路线距离、交通时间距离。

【出处】《房地产经纪专业基础》（第四版）P4

8.【答案】ABE

【解析】使用面积是指房屋户内实际能使用的面积，按房屋的内墙面水平投影计算，不包括墙、柱等结构构造和保温层的面积，也不包括阳台面积。

【出处】《房地产经纪专业基础》（第四版）P18

9.【答案】BCD

【解析】其他相关定着物是指附着或结合在土地或建筑物上不可分离的部分，从而成为土地或建筑物的组成部分或从物，应随着土地或建筑物转让而一并转让的物。

【出处】《房地产经纪专业基础》（第四版）P2

10.【答案】ABC

【解析】住宅环境性能评定内容包括：①用地与规划；②建筑造型；③绿地与活动场地；④室外噪声与空气污染；⑤水体与排水系统；⑥公共服务设施；⑦智能化系统。隔声性能和无障碍设施为住宅适用性能的评定内容。

【出处】《房地产经纪专业基础》（第四版）P16

第二章 建筑和装饰装修

【章节导引】

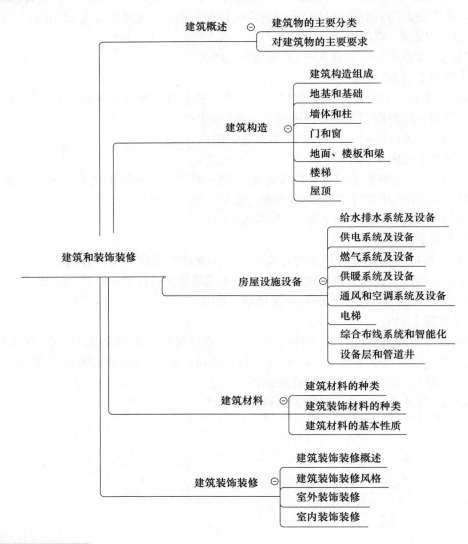

【章节核心知识点】

核心知识点 1：建筑物的主要分类

1. 根据建筑物使用性质的分类：民用建筑、工业建筑、农业建筑。

2. 根据建筑结构的分类：砖木结构建筑、砖混结构建筑、钢筋混凝土结构建筑、钢结构建筑、其他结构建筑。

结构类型	主要特点
砖木结构建筑	通常在3层以下，抗震性能较差，使用寿命较短
砖混结构建筑	通常在6层以下，抗震性能较差，开间和进深的尺寸及层高都受到一定限制
钢筋混凝土结构建筑	结构的适应性（室内空间可改造性）较强，抗震性能较好，使用寿命较长
钢结构建筑	强度高、抗震性能好，但耐火性、耐腐蚀性较差
其他结构建筑	比如木结构建筑，其主要承重构件均是用木材制成的建筑

3. 根据建筑施工方法的分类：现浇现砌式建筑、装配式建筑和部分现浇现砌、部分装配式建筑。

4. 根据建筑设计使用年限的分类：民用建筑的设计使用年限分为5年、25年、50年、100年四个类别，并规定其分别适用于临时性建筑、易于替换结构构件的建筑、普通建筑和构筑物、纪念性建筑和特别重要的建筑。住宅一般属于其中的普通建筑。根据《住宅建筑规范》GB 50368—2005，住宅建筑结构的设计使用年限不应少于50年。

1. （单选题）建筑物的层数一般在3层以下，抗震性能较差，使用寿命较短的建筑结构是（　　）。
   A. 钢结构建筑　　　　　　　　B. 砖木结构建筑
   C. 砖混结构建筑　　　　　　　D. 钢筋混凝土结构建筑

【答案】B

【解析】砖木结构建筑的层数一般较低，通常在3层以下，抗震性能较差，使用寿命较短。

【出处】《房地产经纪专业基础》（第四版）P33

2. （单选题）下列建筑结构中，通常情况下安全性相对最高的是（　　）。
   A. 砖木结构　　　　　　　　　B. 砖混结构
   C. 框架结构　　　　　　　　　D. 木结构

【答案】C

【解析】钢筋混凝土结构的具体类型包括：框架结构、框架剪力墙结构、剪力墙结构、筒体结构、框架筒体结构和筒中筒结构等。钢筋混凝土结构建筑的特点是结构的适应性（室内空间可改造性）较强，抗震性能较好，使用寿命较长。

【出处】《房地产经纪专业基础》（第四版）P33

核心知识点2：对建筑物的主要要求

作为建筑物使用人，对建筑物的主要要求是安全、适用、经济、美观。

1. 对建筑物安全的要求

安全是对建筑物最基本、最重要的要求，主要包括下列两大方面：

（1）建筑物在设计使用年限内不会垮塌，包括：① 房屋选址方面，所在地段不会遭受山体崩塌、滑坡、泥石流、地面塌陷、地裂缝、地面沉降、较大地震、洪水等自然灾害的破坏；② 房屋建造方面，施工质量有保障，地基、基础、上部结构均稳固（即结构安全），能抗震（即抵抗一定震级以上的地震），能防火；③ 其他有关方面，比如在对房屋有破坏的白蚁地区，还能防止白蚁危害等。

（2）建筑物在使用过程中室内外都没有危害人体健康的环境污染。

2．对建筑物适用的要求

（1）防水、保温、隔热、隔声、通风、采光、日照等方面良好。

（2）功能齐全。

（3）空间布局合理。

3．对建筑物经济的要求

对建筑物经济的要求通俗地说是不要浪费，而不是一味地省钱或便宜。

（1）一次性的建造成本或购置价格不很高；

（2）在使用过程中所需支出的费用较少，即运营费用较低，包括节省维修费用，节约照明、空调、供暖的能耗等。

4．对建筑物美观的要求

对建筑物美观的要求主要是建筑造型、外观色彩等要给人以美感，特别是要避免在建筑外形和色彩上使人产生不好的联想或不好的寓意。

1．（单选题）对建筑物的基本要求是安全、适用、经济、美观。下列对建筑物的要求中，属于适用方面的要求是（　　）。

A．没有环境污染　　　　　　B．空间布局合理
C．维护费用低　　　　　　　D．地基和基础稳固

【答案】B

【解析】对建筑物适用的要求一是防水、保温、隔热、隔声、通风、采光、日照等方面良好，二是功能齐全，三是空间布局合理。

【出处】《房地产经纪专业基础》（第四版）P35

核心知识点 3：建筑构造组成

建筑物一般由若干个大小不同的室内空间（如通常所说的房间等）组合而成。这些室内空间的形成，往往要借助于一片片实体的围合。这些一片片的实体，称为建筑构件或配件。

一幢房屋通常由竖向建筑构件（如基础、墙体、柱）、水平建筑构件（如地面、楼板、梁、屋顶）等组成。

小知识点 3-1：地基和基础

1．地基：是房屋下面承受建筑物全部荷载的土体或岩体。

地基应满足以下要求：① 有足够的承载力。② 有均匀的压缩量。③ 有防止产生滑坡、倾斜方面的能力。

2. 基础：基础是房屋底部与地基直接接触，并把上部荷载传给地基的竖向承重构件。根据基础所用的材料，分为灰土基础、砖基础、毛石基础、混凝土基础、钢筋混凝土基础等。

根据基础的受力性能，分为刚性基础和柔性基础。

根据基础的构造形式，分为条形基础、独立基础、筏板基础、箱形基础、桩基础等。

基础构造	主要作用
筏板基础	有利于调整地基的不均匀沉降，用筏板基础作为地下室或坑槽的底板有利于防水、防潮
箱形基础	刚度大、整体性好、底面积较大，能将上部结构的荷载均匀传给地基，并能适应地基局部软硬不均，有利于抵抗地震荷载的作用
桩基础	当建筑场地的上部土层较弱、承载力较小，不宜采用在天然地基上作浅基础时，宜采用桩基础

小知识点 3-2：墙和柱

1. 墙体：

（1）墙体的作用：围护作用；承重作用；分隔作用；装饰作用。

（2）墙体的要求：具有足够的强度和稳定性；具有必要的保温、隔热、隔声等性能；满足防水、防潮、防火等要求。

（3）墙体的类型：根据墙体在建筑物中的位置，分为外墙和内墙；根据墙体所用材料，分为砖墙、砌块墙、混凝土墙、石墙、木墙等；根据墙体的受力情况，分为承重墙和非承重墙；根据墙体的构造方式，分为实体墙、空心墙和复合墙。

2. 柱：柱是房屋中直立的起支持作用的竖向承重构件。它承担和传递着梁、楼板等传下来的荷载。在房屋装修改造中，柱是不能被破坏的。

小知识点 3-3：门和窗

门、窗是房屋的围护构件或分隔构件，不承重。

根据门所在的位置，分为围墙门、单元门、入户门、室内门等。根据门的功能，分为防盗门、安全门、防火门、隔声门、节能门、封闭门等。根据门的开启方式，分为平开门、推拉门、折叠门、卷帘门、弹簧门、旋转门、电子感应门等。根据门所用材料，分为木门、钢门、铁门、铝合金门、玻璃门等。此外，还有自动开关的门等。

根据窗在房屋中的位置，分为侧窗和天窗。根据窗的开启方式，分为普通平开窗、平开内倒窗、推拉窗、旋转窗、固定窗。根据窗框所用材料，分为木窗、钢窗、塑钢窗、铝合金窗等。此外，还有凸窗、落地窗、老虎窗、转角窗、百叶窗、纱窗，以及自动开关的窗户等。

小知识点 3-4：地面、楼板和梁

1. 地面：通常用面层、垫层和基层构成。

面层是人们直接接触的表面，应耐磨、平整、防滑、易清洁、不起尘、电绝缘性好。此外，居住和人们长时间停留的房间的地面，还应有一定的弹性和蓄热性能；厨房的地面，还应防水、耐火；卫生间的地面，还应耐潮湿、不漏水。

2. 楼板：是在楼房中分隔建筑物上下层空间的横向承重构件，主要作用是承受人、家具等荷载。楼板应满足的要求有：

① 有足够的强度、能够承受使用荷载和自重；
② 有一定的刚度，在荷载作用下挠度变形不超过规定数值；
③ 有一定的隔声性能；
④ 有一定的防潮、防水和防火功能。

3. 梁：是跨过空间把楼板或屋顶荷载传给承重墙或柱的横向承重构件。

根据所用材料，分为木梁、钢筋混凝土梁、钢梁等。根据力的传递路线，分为主梁和次梁。根据梁与支撑的连接状况，分为简支梁、连续梁、悬臂梁等。此外还有过梁和圈梁。过梁是设置在门窗等洞口上方的承受上部荷载的构件。圈梁是为提高建筑物整体结构的稳定性，沿建筑物的全部外墙和部分内墙设置的连续封闭的梁。

1. （多选题）地基应满足的条件主要包括（　　）。
   A. 有足够的强度　　　　　　B. 有足够的刚性
   C. 有足够的承载力　　　　　D. 有均匀的压缩量
   E. 有防止产生滑坡、倾斜方面的能力

【答案】CDE

【解析】地基应满足以下要求：① 有足够的承载力。② 有均匀的压缩量，以保证有均匀的下沉。③ 有防止产生滑坡、倾斜方面的能力。

【出处】《房地产经纪专业基础》（第四版）P38

2. （单选题）下列选项中，不属于墙体作用的是（　　）。
   A. 承重　　　　　　　　　　B. 分隔
   C. 排水　　　　　　　　　　D. 装饰

【答案】C

【解析】墙体主要有以下4个作用：① 围护作用。② 承重作用。③ 分隔作用。④ 装饰作用。

【出处】《房地产经纪专业基础》（第四版）P39

3. （单选题）下列关于楼板的说法中，错误的是（　　）。
   A. 木楼板防火性较差、不耐腐蚀　　B. 预制楼板隔声较差，整体性较好
   C. 在地震易发区，宜采用现浇楼板　D. 钢筋混凝土楼板坚固、耐久、强度高

【答案】B

【解析】钢筋混凝土楼板根据施工方法，分为预制和现浇。预制楼板的隔声较好，整体性较差；现浇楼板的整体性较好，隔声较差。

【出处】《房地产经纪专业基础》（第四版）P41

4. （多选题）根据梁与支撑的连接状况，可将梁分为（　　）。
   A. 木梁　　　　　　　　　　B. 钢梁
   C. 简支梁　　　　　　　　　D. 连续梁
   E. 悬臂梁

【答案】CDE

【解析】根据梁与支撑的连接状况，分为简支梁、连续梁、悬臂梁等。

【出处】《房地产经纪专业基础》（第四版）P41

核心知识点4：承重墙和非承重墙

承重墙是直接承受梁、楼板、屋顶等传下来的荷载和自重的墙体，如砖混结构住宅的外墙、楼梯间墙、沉降缝两侧的墙。非承重墙是仅承受自重的墙体。承重墙和非承重墙的区分方法主要有以下4种：

（1）通过相关图纸判断。一般粗实线部分的墙体是承重墙，以细实线或虚线标注的是非承重墙体。

（2）通过声音判断。敲击墙体，没什么太多的声音为承重墙，有较大清脆回声的是非承重墙。

（3）通过厚度判断。非承重墙的墙体厚度明显比承重墙薄。

（4）通过部位判断。外墙和邻居共用的墙通常都是承重墙，卫生间、储藏间、厨房及过道的墙一般是非承重墙。

1．（多选题）下列砖混结构住宅的墙体中，属于承重墙的有（　　）。
　　A．山墙　　　　　　　　　　　B．隔墙
　　C．幕墙　　　　　　　　　　　D．楼梯间墙
　　E．沉降缝两侧的墙

【答案】DE

【解析】承重墙是直接承受梁、楼板、屋顶等传下来的荷载和自重的墙体，如砖混结构住宅的外墙、楼梯间墙、沉降缝两侧的墙。

【出处】《房地产经纪专业基础》（第四版）P39

2．（单选题）下列墙体中，是承重墙的是（　　）。
　　A．图纸中用细实线标注的墙体　　B．敲击时没有太多声音的墙体
　　C．相对来说更薄一点的墙体　　　D．过道的墙体

【答案】B

【解析】承重墙和非承重墙的区分方法主要有以下4种：① 通过相关图纸判断。一般粗实线部分的墙体是承重墙，以细实线或虚线标注的是非承重墙体。② 通过声音判断。敲击墙体，没什么太多的声音为承重墙，有较大清脆回声的是非承重墙。③ 通过厚度判断。非承重墙的墙体厚度明显比承重墙薄。一般来说，承重墙体是砖墙时，结构厚度18cm～24cm，寒冷地区外墙结构厚度为37cm～49cm，混凝土墙结构厚度20cm或16cm，非承重墙12cm、10cm、8cm不等。④ 通过部位判断。外墙和邻居共用的墙通常都是承重墙，卫生间、储藏间、厨房及过道的墙一般是非承重墙。

【出处】《房地产经纪专业基础》（第四版）P39

核心知识点5：给水排水、供电、燃气、供暖系统及设备

1．给水系统及设备

常见的给水方式有4种：

（1）直接给水。适用于室外配水管网的水压、水量能终日满足室内给水的情况。这种

给水方式简单、经济、安全，没有二次给水可能发生的二次污染问题。

（2）分区分压给水。适用于层数较多的建筑中室外配水管网的水压仅能供下面楼层用水，不能供上面楼层用水的情况。为充分利用室外配水管网的水压，通常把给水系统分为低压（下）和高压（上）两个供水区，下区由室外配水管网水压直接给水，上区由水泵加压后与水箱联合给水。因此，住宅楼中一定楼层（如7层）以上的住宅，通常是二次给水。

（3）设置水箱给水。适用于室外配水管网的水压在一天中有高低变化，需要设置屋顶水箱的情况。当水压高时，水箱蓄水；当水压低时，水箱放水。这种给水属于二次给水。

（4）设置水泵和水箱给水。适用于室外配水管网的水压经常或周期性低于室内所需水压的情况。当用水量较大时，采用水泵提高水压，可减小水箱容积。水泵与水箱连锁自动控制水泵停、开，能够节省能源。这种给水属于二次给水。

2．排水系统及设备

根据排放的性质，排水系统分为生活污水、生产废水、雨水三类。房地产经纪人在实地查看房屋时，要特别注意检查排水管道有无破损渗漏、锈蚀老化、堵塞倒灌的情形，在如实告知客户的同时，提出维修、整改的意见建议。

3．供电系统及设备

为了安全使用和防火需要，住宅的供电系统及设备应符合《住宅设计规范》GB 50096—2011要求。如每套住宅应设置户配电箱；住宅套内的电气管线应采用穿管暗敷设方式配线，导线应采用铜芯绝缘线；套内的空调电源插座、一般电源插座与照明应分路设计；厨房、卫生间的插座应设置独立回路；为了避免儿童玩弄插座发生触电危险，安装高度在1.80m及以下的插座均应采用安全型插座。

4．燃气系统及设备

室内燃气管道不得穿过变配电室、地沟、烟道等地方，必须穿过时，需采取相应的措施加以保护。燃气设备严禁设置在卧室内；严禁在浴室内安装直接排气式、半密闭式燃气热水器等在使用空间内积聚有害气体的加热设备；户内燃气灶应安装在通风良好的厨房、阳台内；燃气热水器等燃气设备应安装在通风良好的厨房、阳台内或其他非居住房间；住宅内各类用气设备的烟气必须能够直接排至室外。

5．供暖系统及设备

人感到舒适的气温范围一般为18℃～22℃。供暖方式较多，根据热源，可分为集中供暖和自供暖两大类。集中供暖的优点是安全、可靠、清洁，可全天候供暖，费用较低；缺点是供暖的时间和温度不能自己控制。自供暖的优点是供暖的时间和温度自由，自己可根据气温等情况提前或延长供暖时间、调节室内温度；缺点是费时费力，其中用煤供暖有煤灰、有害气体排放等污染，用电供暖的效果通常不够好、费用较高。

1．（单选题）室外配水管网的水压、水量能终日满足室内给水的情况适用的给水方式是（　　）。

A．直接给水　　　　　　　　B．分区分压给水
C．设施水箱给水　　　　　　D．设置水泵和水箱给水

【答案】A

【解析】直接给水适用于室外配水管网的水压、水量能终日满足室内给水的情况。

【出处】《房地产经纪专业基础》(第四版) P43

2. (单选题) 根据《住宅设计规范》,每套住宅的用电负荷不应小于 ( )。
   A. 2.0kW B. 2.5kW
   C. 3.0kW D. 3.5kW

【答案】B
【解析】根据《住宅设计规范》GB 50096—2011,每套住宅的用电负荷不应小于2.5kW。
【出处】《房地产经纪专业基础》(第四版) P45

核心知识点6：电梯

根据《住宅设计规范》GB 50096—2011,7层及以上的住宅必须设置电梯;12层及以上的住宅,每幢楼设置电梯不应少于2台;电梯不应紧邻卧室布置,当受条件限制,不得不紧邻兼起居的卧室布置时,应采取隔声、减震的构造措施。

电梯的数量和服务范围决定候梯时间长短、乘梯是否拥挤、乘梯时是否遇见人,通常是看一个单元是"几梯几户",或者"梯户比",即：梯户比＝电梯数／住宅套数。一般来说,候梯时间越短、乘梯不拥挤、乘梯时不遇见人越好,因此梯户比一般越大越好。例如,"一梯一户"一般比"一梯两户"好。

1. (单选题) 住宅必须设置电梯的层数是 ( )。
   A. 6层及以上 B. 7层及以上
   C. 8层及以上 D. 9层及以上

【答案】B
【解析】根据《住宅设计规范》GB 50096—2011,7层及以上的住宅必须设置电梯。
【出处】《房地产经纪专业基础》(第四版) P48

2. (单选题) 下列住宅中,每幢楼设置电梯不应少于2台的是 ( )。
   A. 5层住宅 B. 7层住宅
   C. 10层住宅 D. 12层住宅

【答案】D
【解析】根据《住宅设计规范》GB 50096—2011,7层及以上的住宅必须设置电梯;12层及以上的住宅,每幢楼设置电梯不应少于2台。
【出处】《房地产经纪专业基础》(第四版) P48

核心知识点7：建筑材料的基本性质

1. 建筑材料的物理性质：可分为与质量、与水和与温度有关的性质。
（1）与质量有关的性质包括密度、密实度（凡是内部有孔隙的材料,其密实度都小于1）、孔隙率;
（2）与水有关的性质包括吸水性、吸湿性、耐水性、抗渗性、抗冻性;
（3）与温度有关的性质包括导热性、热容量。

2. 建筑材料的力学性质：包括强度、弹性、塑性、脆性、韧性、硬度、耐磨性。

力学性质	特点
强度	材料在外力作用下抵抗破坏的能力，如压力、拉力、弯曲及剪力
弹性	指材料在外力作用下产生变形，外力去掉后变形能完全消失的性质
塑性	指材料在外力作用下产生变形，外力去掉后变形不能完全恢复，但也不即行破坏的性质
脆性	指材料在外力作用下未发生显著变形就突然破坏的性质；脆性材料的抗压强度远大于抗拉强度，因此脆性材料只适用于受压构件
韧性	指材料在冲击或振动荷载作用下产生较大变形尚不致破坏的性质。钢材、木材等属于韧性材料
硬度	指材料表面抵抗硬物压入或刻画的能力
耐磨性	指材料表面抵抗磨损的能力。材料的耐磨性与其成分、结构、强度、硬度等有关。材料的硬度越大，耐磨性越好

1. （多选题）建筑材料的物理性质中，与质量有关的性质包括（ ）。
   A. 密度
   B. 密实度
   C. 孔隙率
   D. 导热性
   E. 热容量

【答案】ABC
【解析】建筑材料的物理性质中与质量有关的性质包括密度、密实度、孔隙率。
【出处】《房地产经纪专业基础》（第四版）P51

2. （单选题）下列关于材料孔隙率的说法中，错误的是（ ）。
   A. 材料内部孔隙率越大，密度越小
   B. 材料内部孔隙率越大，强度越小
   C. 材料内部孔隙率越大，耐水性越差
   D. 材料内部孔隙率越大，吸湿性越差

【答案】D
【解析】一般情况下，材料的内部孔隙率越大，其密度、强度越小，耐水性、抗渗性、抗冻性、耐腐蚀性、耐磨性和耐久性越差，但保温性、吸声性、吸水性和吸湿性越强。
【出处】《房地产经纪专业基础》（第四版）P53

核心知识点8：建筑装饰装修的作用

建筑装饰装修的作用主要有下列3个。
（1）使建筑物美观。如采用某些涂料，可做成有光、平光或无光的饰面，也可做成凹凸、拉毛或彩砂的饰面。特别是室内墙面，属于近距离观看范畴，甚至和人体直接接触，选用质感、触感较好的装饰材料，可使其与室内整体环境相协调。
（2）使建筑物适用。建筑装饰材料可改善室内光线、温度、湿度、吸声、隔声以及防火、防霉菌等。
（3）使建筑物耐久。建筑物暴露在空气中，受风吹、日晒、雨淋、冰冻以及腐蚀性气体、液体和微生物等的侵蚀，会产生粉化、开裂、脱落等破坏现象，使建筑物的耐久性受到影响。选用适当的装饰材料对建筑物的内外表面进行装饰装修，能有效延长建筑物的使用寿命，降低其维护费用。

1. （多选题）建筑装饰装修的主要作用包括（　　　）。
   A. 延长建筑物的产权年限　　　　B. 提高建筑物的使用耐久性
   C. 保证建筑物功能适用　　　　　D. 改变建筑物的性质
   E. 实现建筑物整体美观

【答案】BCE
【解析】建筑装饰装修的作用包括使建筑物美观、使建筑物适用和使建筑物耐久。
【出处】《房地产经纪专业基础》（第四版）P55

核心知识点9：装饰装修的基本要求

1. 室内装饰装修的基本要求
（1）满足审美要求。① 各界面服从整体环境；② 充分利用色彩的效果；③ 充分利用材料的质感；④ 自然采光和室内灯光相协调。
（2）满足室内界面功能要求。从长期使用角度出发，室内墙面应能够遮挡视线，满足隔声、吸声、保温、隔热等要求；地面应耐磨，满足防滑、易清洁、防水、防潮、防静电等要求；顶棚应质轻、隔声、吸声、保温、隔热，其光线要符合不同视觉要求。
（3）满足室内界面物理要求。① 满足空间的使用要求；② 满足相应部位的性能要求；③ 满足建筑物理方面的特殊要求。例如，保温、隔热、隔声、防火、防水、防潮等，要根据功能需要和当地条件选用适当的装饰材料。

2. 建筑装饰装修选材的基本要求
（1）满足使用安全要求。应从身心健康角度出发，尽量选用对人体无害的天然材料，选用保温、隔热、吸声、隔声的材料。
（2）满足装饰效果要求。装饰材料的颜色、光泽、透明性、质感、形体和花纹图案等外观都会影响装饰装修效果，特别是材料的色彩对装饰装修效果的影响明显。
（3）满足使用功能要求。在选用装饰材料时，应满足与环境相适应的使用功能。如外墙面应选用耐侵蚀、不易褪色、不易玷污、不泛霜的材料，室内地面应选用耐磨性和耐水性好、不易玷污的材料，厨房、卫生间应选用耐水性和抗渗性好、防滑、不易发霉、易擦洗的材料。
（4）满足使用寿命要求。有的建筑物要求装饰装修的使用寿命较短，从而选用的材料耐用年限不一定很长，而有的建筑物要求装饰装修的使用寿命很长，从而选用的材料耐用年限应较长，如选用天然石材、硬质木材、陶瓷、不锈钢、铜等。
（5）满足经济性要求。装饰材料的选用应考虑经济性，不仅要考虑一次性投入，还要考虑经济寿命和日后的维护费用。

1. （单选题）王某承租一套住房，租期1年，租约规定租户可自行在屋内进行简单装修，下列对该套住房中儿童房墙面的装饰装修方案中，最适合的是（ ）。
　　A. 涂刷暖色涂料　　　　　　B. 安装金属墙面板
　　C. 贴大理石墙砖　　　　　　D. 贴彩色玻璃马赛克
【答案】A
【解析】儿童活动室的墙面一般选用黄色、粉红色等暖色调，可适应儿童天真活泼的心理。
【出处】《房地产经纪专业基础》（第四版）P57

【真题实测】

一、单选题（每个备选答案中只有一个最符合题意）
1. 下列室内地面类型中，不属于整体类地面的是（ ）。
　　A. 混凝土　　　　　　　　　B. 水磨石
　　C. 复合地板　　　　　　　　D. 水泥砂浆
2. 下列室内墙体中，在装修时不能拆改的是（ ）。
　　A. 形象墙　　　　　　　　　B. 承重墙
　　C. 隔断　　　　　　　　　　D. 自重墙
3. 下列建筑结构中，强度高、抗震性能好，但耐火性、耐腐蚀性较差的是（ ）。
　　A. 钢筋混凝土结构　　　　　B. 砖木结构
　　C. 钢结构　　　　　　　　　D. 砖混结构
4. 下列窗户类型中，密封性最好的是（ ）。
　　A. 平开窗　　　　　　　　　B. 推拉窗
　　C. 旋转窗　　　　　　　　　D. 百叶窗

二、多选题（每个备选答案中有两个或两个以上符合题意）
5. 在砖木结构建筑中，横向承重构件包括（ ）。
　　A. 楼板　　　　　　　　　　B. 梁
　　C. 柱　　　　　　　　　　　D. 烟囱
　　E. 墙体
6. 室内燃气管道的敷设安装，不得穿过（ ）。
　　A. 厨房　　　　　　　　　　B. 阳台
　　C. 地沟　　　　　　　　　　D. 配电室
　　E. 走廊
7. 厨房、卫生间地面装饰装修材料应满足的要求有（ ）。
　　A. 不易发霉　　　　　　　　B. 不易泛霜
　　C. 渗水性好　　　　　　　　D. 防滑
　　E. 易擦洗

【真题实测答案】

1.【答案】C
【解析】木竹类地面是采用木质或竹质板材铺设的地面，常见的有复合地板、实木地板、竹地板地面。

【出处】《房地产经纪专业基础》(第四版) P68

2.【答案】B

【解析】承重墙是直接承受梁、楼板、屋顶等传下来的荷载和自重的墙体，不可拆改。

【出处】《房地产经纪专业基础》(第四版) P39

3.【答案】C

【解析】钢结构建筑物的强度高、抗震性能好，但耐火性、耐腐蚀性较差。

【出处】《房地产经纪专业基础》(第四版) P33

4.【答案】A

【解析】为增加密封性，窗户宜为平开窗或平开内倒窗，不宜为推拉窗。

【出处】《房地产经纪专业基础》(第四版) P40

5.【答案】AB

【解析】楼板是在楼房中分隔建筑物上下层空间的横向承重构件；梁是跨过空间把楼板或屋顶荷载传给承重墙或柱的横向承重构件。

【出处】《房地产经纪专业基础》(第四版) P41

6.【答案】CD

【解析】室内燃气管道不得穿过变配电室、地沟、烟道等地方，必须穿过时，需采取相应的措施加以保护。

【出处】《房地产经纪专业基础》(第四版) P46

7.【答案】ADE

【解析】厨房、卫生间应选用耐水性和抗渗性好、防滑、不易发霉、易擦洗的材料。

【出处】《房地产经纪专业基础》(第四版) P58

【章节小测】

一、单选题（每个备选答案中只有一个最符合题意）

1. 结构的适应性较强，抗震性能较好，使用寿命长的建筑结构是（　　）。
   A. 钢结构建筑　　　　　　　　B. 砖木结构建筑
   C. 砖混结构建筑　　　　　　　D. 钢筋混凝土结构建筑

2. 为提高建筑物抵抗地震荷载的作用，宜采用（　　）。
   A. 独立基础　　　　　　　　　B. 筏板基础
   C. 箱形基础　　　　　　　　　D. 桩基础

3. 适用于室外配水管网的水压经常或周期性低于室内所需水压的情况的给水方式是（　　）。
   A. 直接给水　　　　　　　　　B. 分区分压给水
   C. 设施水箱给水　　　　　　　D. 设置水泵和水箱给水

4. （真题）12层及以上的住宅，每幢设置电梯不应少于（　　）。
   A. 2台　　　　　　　　　　　　B. 3台
   C. 4台　　　　　　　　　　　　D. 5台

5. 楼宇智能化系统主要组成不包括（　　）。

A. 物业管理自动化系统 B. 通信自动化系统
C. 安全保卫系统自动化系统 D. 消防自动化系统

6. 材料内部的孔隙的体积占材料在自然状态下的体积的比例是（　　）。
   A. 密度 B. 密实度
   C. 孔隙率 D. 导热性

7. 主要以豪华、壮丽为特色，在两个柱之间形成一个券洞，通过券、柱结合以及极富兴味的装饰性柱式的西方室内装饰装修风格是（　　）。
   A. 洛可可风格 B. 古罗马风格
   C. 哥特式风格 D. 巴洛克风格

二、多选题（每个备选答案中有两个或两个以上符合题意）

8. 下列选项中，属于墙体应满足的要求的有（　　）。
   A. 有均匀的压缩量 B. 有足够的稳定性
   C. 有足够的承载力 D. 有足够的强度
   E. 保温

9. 根据墙体在建筑物中的位置，可将墙体分为（　　）。
   A. 实体墙 B. 空心墙
   C. 复合墙 D. 内墙
   E. 外墙

10. 根据建筑材料的来源，可将建筑材料分为（　　）。
    A. 防水材料 B. 装饰材料
    C. 天然材料 D. 墙体材料
    E. 人造材料

【章节小测答案】

1. 【答案】D
【解析】钢筋混凝土结构建筑的特点是结构的适应性（室内空间可改造性）较强，抗震性能较好，使用寿命较长。
【出处】《房地产经纪专业基础》（第四版）P33

2. 【答案】C
【解析】箱形基础的刚度大、整体性好、底面积较大，能将上部结构的荷载较均匀地传给地基，并能适应地基的局部软硬不均，有效地调整基底的压力，有利于抵抗地震荷载的作用。
【出处】《房地产经纪专业基础》（第四版）P38

3. 【答案】D
【解析】设置水泵和水箱给水适用于室外配水管网的水压经常或周期性低于室内所需水压的情况。
【出处】《房地产经纪专业基础》（第四版）P44

4. 【答案】A
【解析】12层及以上的住宅，每幢设置电梯不应少于2台。

【出处】《房地产经纪专业基础》（第四版）P48

5.【答案】A

【解析】楼宇智能化系统主要由建筑自动化系统（BAS）、通信自动化系统（CAS）、办公自动化系统（OAS）、安全保卫自动化系统（SAS）、消防自动化系统组成（FAS）组成。

【出处】《房地产经纪专业基础》（第四版）P49

6.【答案】C

【解析】孔隙率是指材料内部孔隙的体积占材料在自然状态下的体积的比例。

【出处】《房地产经纪专业基础》（第四版）P53

7.【答案】B

【解析】古罗马风格主要以豪华、壮丽为特色，在两柱之间形成一个券洞，通过券、柱结合以及极富兴味的装饰性柱式。

【出处】《房地产经纪专业基础》（第四版）P60

8.【答案】BDE

【解析】墙体应满足以下要求：① 具有足够的强度和稳定性。② 具有必要的保温、隔热、隔声等性能。③ 满足防水、防潮、防火等要求。

【出处】《房地产经纪专业基础》（第四版）P39

9.【答案】DE

【解析】根据墙体在建筑物中的位置，分为外墙和内墙。

【出处】《房地产经纪专业基础》（第四版）P39

10.【答案】CE

【解析】根据材料的来源，分为天然材料和人造材料。

【出处】《房地产经纪专业基础》（第四版）P50

第三章 城市环境和景观

【章节导引】

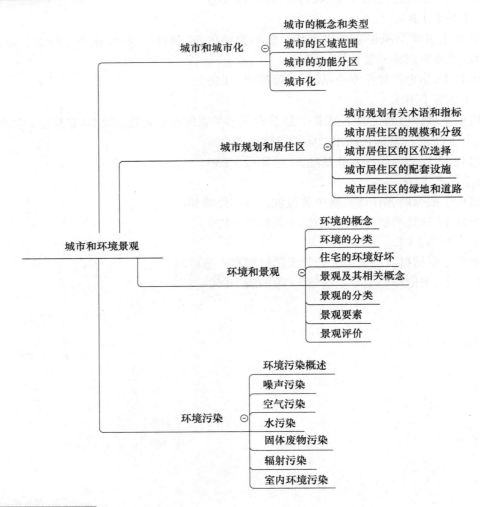

【章节核心知识点】

核心知识点1：城市的概念和类型

城市：是一定数量的非农人口和非农产业的集聚地，是国家或一定区域的政治、经济、文化中心。

1. 根据城市规模的分类

城市规模是指城市的大小，主要有人口规模、用地规模和经济规模。以城区常住人口为统计口径，将城市分为下列5类。

（1）小城市：是指城区常住人口50万以下的城市。

（2）中等城市：是指城区常住人口50万以上100万以下的城市。

（3）大城市：是指城区常住人口100万以上500万以下的城市。

（4）特大城市：是指城区常住人口500万以上1000万以下的城市。

（5）超大城市：是指城区常住人口1000万以上的城市。

2. 根据城市行政等级的分类

从高到低依次为直辖市、副省级市、地级市、县级市、建制镇。

3. 根据城市职能分类

可分为具有综合职能的城市和以某种职能为主的城市，并可进一步分为各种各样职能的城市。在城市的众多职能中，最突出的职能构成了城市性质。

4. 根据城市内部结构的分类

单中心城市（一般是中小城市）和多中心城市（大城市）

5. 根据城市的平面几何形状分类

块状城市、带状城市和星状城市。

（1）多数城市为块状城市，如北京、上海、广州；

（2）某些城市因受行政区划和地形的限制为带状城市，如深圳、兰州。

6. 根据城市行政等级、人口规模、产业结构、GDP、人均可支配收入等综合指标、房地产市场和房地产业发展水平，把城市分为一线城市、二线城市、三线城市和四线城市。

1. （多选题）城市规模是指城市的大小，主要包括的指标有（　　）。

    A. 人口规模　　　　　　　　B. 用地规模

    C. 经济规模　　　　　　　　D. 文化规模

    E. 行政规模

【答案】ABC

【解析】城市规模是指城市的大小，主要有人口规模、用地规模和经济规模。

【出处】《房地产经纪专业基础》（第四版）P73

2. （单选题）在城市的众多职能中，由城市最突出职能构成的是（　　）。

    A. 城市内部结构　　　　　　B. 城市行政等级

    C. 城市性质　　　　　　　　D. 城市规模

【答案】C

【解析】在城市众多职能中，最突出的职能构成了城市性质。

【出处】《房地产经纪专业基础》（第四版）P74

3. （单选题）城市的行政等级可分为①副省级市；②直辖市；③建制镇；④地级市；⑤县级市。其中从低到高的排序是（　　）。

    A. ③⑤④①②　　　　　　　B. ②①④⑤③

    C. ③⑤④②①　　　　　　　D. ③④⑤①②

【答案】A

【解析】中国的城市是有行政等级的，从高到低依次为直辖市、副省级市、地级市、县级市、建制镇。

【出处】《房地产经纪专业基础》（第四版）P73

核心知识点 2：城市化

小知识点 2-1：城市化发展阶段

城市化是一个必然过程，各个国家从以农业为主的乡村社会，转向以工业和服务业为主的城市社会。城市化进程一般分为三个阶段：

（1）初始阶段：也称为起步阶段，城市化率低于 30%，其特征是城市化水平较低，城市化速度较慢，以熟人社区为主。

（2）快速阶段：也称为加速发展阶段，城市化率达到 30% 以上，但低于 70%，其特征是城市化速度加快，人口向城镇迅速集聚，以生人社区为主。

（3）成熟阶段：也称为后期阶段、饱和阶段，城市化率达到 70% 以上，其特征是城市化水平很高，城市化速度减慢，城市化基本完成，人口主要在城镇之间流动，特别是从中小城镇流向少数大城市，并会回到以熟人社区为主。

目前，发达国家的城市化率达到 80% 左右。我国 2021 年的常住人口城镇化率为 64.72%，现在仍处于城市化快速阶段。

小知识点 2-2：城市化的类型

1. 向心型城市化与离心型城市化

如果从城市中心来考察城市发展过程，城市化有两大阶段：一是向城市中心集聚的向心型城市化（也称为集中型城市化）；二是从城市中心向外扩展或扩散的离心型城市化（也称为分散型城市化）。城市发展的初中期主要是向心型的，中后期主要是离心型的。

在城市离心发展过程中又有郊区化（也称为郊外化）和逆城市化两种不同的类型和阶段。

2. 外延型城市化与飞地型城市化

根据城市离心扩散的方式，城市化分为外延型城市化和飞地型城市化。如果城市的离心扩散一直保持与建成区接壤，连续渐次地向外推进，这种扩散方式称为外延型城市化。如果在推进过程中，出现了空间上与建成区断开，职能上与中心城市保持联系的城市扩散方式，则称为飞地型城市化。

外延型城市化是一种常见的城市化类型，在大中小城市的边缘地区都可以看到这种外延现象。

飞地型城市化一般在特大城市的情况下才出现。

1.（单选题）城市化低于 30%，城市化率较低，城市化速度较慢，此时处于城市化发展的（   ）。

  A. 探索阶段   B. 初始阶段
  C. 快速阶段   D. 成熟阶段

【答案】B
【解析】初始阶段也称为起步阶段，城市化率低于30%，其特征是城市化水平较低，城市化速度较慢，以熟人社区为主。
【出处】《房地产经纪专业基础》（第四版）P78

2.（单选题）城市化快速发展阶段的特征是（　　）。
　　A. 城市化率较低　　　　　　　B. 城市化速度较慢
　　C. 城市化速度加快　　　　　　D. 城市化过程减慢
【答案】C
【解析】快速阶段也称为加速发展阶段，城市化率达到30%以上，但低于70%，其特征是城市化速度加快，人口向城镇迅速集聚，以生人社区为主。
【出处】《房地产经纪专业基础》（第四版）P78

3.（多选题）根据城市离心扩散的方式，可将城市化分为（　　）。
　　A. 外延型城市化　　　　　　　B. 飞地型城市化
　　C. 集中型城市化　　　　　　　D. 分散型城市化
　　E. 逆城市化
【答案】AB
【解析】根据城市离心扩散的方式，市场化分为外延型城市化与飞地型城市化。
【出处】《房地产经纪专业基础》（第四版）P79

4.（单选题）人口、就业岗位和服务业从大城市中心向郊区迁移的分散化过程，被称为（　　）。
　　A. 郊区化　　　　　　　　　　B. 逆城市化
　　C. 外延型城市化　　　　　　　D. 飞地型城市化
【答案】A
【解析】郊区化是人口、就业岗位和服务业从大城市中心向郊区迁移的一种分散化过程。
【出处】《房地产经纪专业基础》（第四版）P78

核心知识点3：城市规划相关术语和指标

术语指标	解释说明
建筑密度	也称为建筑覆盖率，是指一定用地范围内建筑基底面积总和与该用地总面积的比率
容积率	一定用地范围内建筑面积总和与该用地总面积的比值，对住宅使用人来说，一般情况下，容积率越低越好
绿地率	是指一定用地范围内各类绿地面积总和与该用地面积的比率，对住宅使用人来说，一般情况下，绿地率越高越好
绿化覆盖率	简称绿化率，是指一定用地范围内绿化覆盖面积总和与该用地面积的比率，或者说是全部绿化种植投影面积与用地面积的百分比，绿化率一般大于绿地率
建筑间距	两栋建筑物（如两幢住宅楼）外墙面之间的水平距离。住宅的布置，通常以满足日照要求作为确定建筑间距的主要依据
用地红线	经城市行政规划主管部门批准的建设用地范围的界线

术语指标	解释说明
道路红线	城市道路（含居住区级道路）用地的规划控制线，即城市道路用地与两侧建设用地及其他用地的分界线
建筑控制线	也称为建筑红线，是指建筑物基底位置的控制线
城市绿线	指城市各类绿地范围的控制线
城市紫线	指国家历史文化名城内的历史文化街区和省、自治区、直辖市人民政府公布的历史文化街区的保护范围界线
城市黄线	指对城市发展全局有影响的、城市规划中确定的、必须控制的城市基础设施用地的控制界线
城市蓝线	城市规划确定的江、河、湖、库、渠和湿地等城市地表水体保护和控制的地域界线

1. （单选题）下列关于容积率的说法，错误的是（ ）。
   A. 容积率是指一定用地范围内建筑面积总和与该用地总面积的比值
   B. 对住宅使用人来说，一般情况下，容积率越高越好
   C. 容积率是反映建筑物密度和环境质量的一个重要指标
   D. 容积率中的建筑用地面积不含代征地面积

【答案】B
【解析】B 选项表述错误，对住宅使用人来说，一般情况下，容积率越低越好。
【出处】《房地产经纪专业基础》（第四版）P79

核心知识点 4：城市居住区的区位选择

在城市规划中，为了合理布置居住用地和工业用地，最大限度减轻有害工业对居住区的污染，通常利用风玫瑰图，一般情况下可根据最小风频原则进行布局，即对空气有污染的工业应布置在全年最小风频风向的上风侧，居住区应布置在全年最小风频风向的下风侧或最大风频风向的上风侧，即通常所说的"上风上水"，因为这个方位全年受污染的几率最小。

1. （多选题）选择住宅的方位时，最优的是在全年（ ）。
   A. 最大风频风向的下风侧   B. 最大风频风向的上风侧
   C. 最小风频风向的下风侧   D. 最小风频风向的上风侧
   E. 最大风频风向和最小风频风向的上风侧

【答案】BC
【解析】居住区应布置在全年最小风频风向的下风侧或最大风频风向的上风侧。
【出处】《房地产经纪专业基础》（第四版）P83

核心知识点 5：环境

小知识点 5-1：环境的分类
根据环境的属性，分为自然环境、人工环境和社会环境。

1. 自然环境：指未经过人工加工改造而天然存在的环境；
2. 人工环境：指在自然环境的基础上经过人的加工改造所形成的环境，如居住区、建筑物、园林绿化、建筑小品等；
3. 社会环境：指由人与人之间的各种社会关系所形成的环境。对于买卖或租赁某套住宅的人来说，该住宅所在地区的居民职业、收入水平、文化素养、民族、宗教信仰、年龄、犯罪率等都是社会环境。

小知识点 5-2：住宅的环境好坏

对于城镇中的一套住宅，说其环境较好，总的来讲，是指其小环境或小气候较好，较具体来说：一是所在社区和居住区（或住宅小区）的园林绿化、环境卫生状况、社会治安、居民素质（如职业、受教育程度、收入水平）等较好；二是没有环境污染，或者环境污染低于所在地区的平均水平，比如空气污染低于所在城市或其下辖区空气污染的平均水平；三是周边没有厌恶性设施，或者与厌恶性设施的距离在实际影响距离及心理影响距离之外（必须满足有关安全规定）。

厌恶性设施一般是指会使人们产生厌恶、恐惧等心理的设施或场所，如公共厕所、垃圾收集站、高压线、变电站、殡仪馆、牲畜屠宰场、危险化学品及易燃易爆品仓库或工厂等。

1.（单选题）将环境分为自然环境、人工环境和社会环境的分类标准是（　　）。
　　A. 环境的内容　　　　　　　　B. 环境的属性
　　C. 环境的要素　　　　　　　　D. 环境的范围大小
【答案】B
【解析】根据环境的属性，分为自然环境、人工环境和社会环境。
【出处】《房地产经纪专业基础》（第四版）P85

2.（多选题）下列住宅环境因素中，属于住宅人工环境因素的有（　　）。
　　A. 居民职业　　　　　　　　　B. 文化素养
　　C. 建筑小品　　　　　　　　　D. 园林绿化
　　E. 犯罪率
【答案】CD
【解析】人工环境是指在自然环境的基础上经过人的加工改造所形成的环境，如居住区、建筑物、园林绿化、建筑小品等。
【出处】《房地产经纪专业基础》（第四版）P85

核心知识点 6：景观的分类

1. 根据景观的来源，景观可分为：自然景观和人文景观。
（1）自然景观：未经人类活动所改变的地表起伏、水域和植物等所构成的自然地表景象及其给予人的感受。
（2）人文景观：被人类活动改变过的自然景观，即自然景观加上人工改造所形成的景观。通俗地说，它是由人为因素作用形成（或构成）的各种景观，是古今人类文化、生活活动的产物。人为因素主要有文化、建筑等因素。

2. 根据景观的基本成分，可分为：软景观和硬景观。

（1）软景观：是指软质的东西，如自然的树木、水体、和风、细雨、阳光、天空，以及人工植被、水流等仿自然景观，如修剪过的树木、抗压草皮、水池、喷泉等。

（2）硬景观：是指硬质的东西，主要是人造的设施，通常包括铺装、雕塑、凉棚、座椅、灯光、果皮箱等。

1.（单选题）将景观分为自然景观和人文景观的分类标准是（　　）。
　　A. 景观的来源　　　　　　　　B. 景观的内容
　　C. 景观的要素　　　　　　　　D. 景观的基本成分
【答案】A
【解析】根据景观的来源，景观可分为自然景观和人文景观。
【出处】《房地产经纪专业基础》（第四版）P87

2.（多选题）根据景观的基本成分，可将景观分为（　　）。
　　A. 软景观　　　　　　　　　　B. 硬景观
　　C. 人文景观　　　　　　　　　D. 自然景观
　　E. 社会景观
【答案】AB
【解析】根据景观的基本成分，可分为软景观和硬景观。
【出处】《房地产经纪专业基础》（第四版）P88

核心知识点 7：环境污染概述

环境污染这个部分，需要掌握环境污染的分类和污染源：

环境污染分类方式	具体包含
根据自然环境要素	空气污染、水污染、土壤污染
根据污染物的形态	噪声污染、废气污染、废水污染、固体废物污染、辐射污染等
根据污染的空间	室外环境污染和室内环境污染
根据污染的时间	长期污染、短期污染
根据污染物分布的范围	局部性污染、区域性污染和全球性污染

污染源包含：

污染源分类依据	污染源
根据污染物发生的类型	交通污染源、生活污染源、工业污染源和农业污染源
根据污染源的存在形式	固定污染源和移动污染源
根据污染物排放的形式	点源、线源和面源
根据污染物排放的空间	地面源和高架源
根据污染物排放的时间	连续源、间断源和瞬时源
根据污染源的存在时间	暂时性污染源和永久性污染源

1.（单选题）将环境污染分为空气污染、水污染、土壤污染的划分标准是（　　）。
　　A. 自然环境要素　　　　　　　　B. 污染物的形态
　　C. 污染物的性质　　　　　　　　D. 污染源产生的原因
【答案】A
【解析】根据自然环境要素，分为空气污染、水污染、土壤污染。
【出处】《房地产经纪专业基础》（第四版）P89

2.（多选题）根据污染物的形态，可将环境污染分为（　　）。
　　A. 物理污染　　　　　　　　　　B. 化学污染
　　C. 废气污染　　　　　　　　　　D. 废水污染
　　E. 噪声污染
【答案】CDE
【解析】根据污染物的形态，分为噪声污染、废气污染、废水污染、固体废物污染、辐射污染等。
【出处】《房地产经纪专业基础》（第四版）P89

3.（多选题）根据污染源的排放空间，可将污染源分为（　　）。
　　A. 连续源　　　　　　　　　　　B. 地面源
　　C. 高架源　　　　　　　　　　　D. 间断源
　　E. 瞬时源
【答案】BC
【解析】根据污染物排放的空间，分为地面源和高架源。
【出处】《房地产经纪专业基础》（第四版）P90

核心知识点 8：环境污染类型

小知识点 8-1：噪声污染

噪声污染	特征	能量污染、感觉公害、具有局限性和分散性
	危害	对睡眠的干扰、对心理的影响、对生理的影响、对听力的损伤、对儿童成长的影响
	污染源	交通运输噪声、社会生活噪声、工业噪声、建筑施工噪声

1.（单选题）噪声的危害不包括（　　）。
　　A. 引起人体动脉硬化，加速衰老
　　B. 引起失眠、耳鸣、多梦
　　C. 易使人疲劳，降低学习和工作效率
　　D. 造成噪声性听力损害或噪声性耳聋
【答案】A
【解析】噪声的危害包括对睡眠的干扰、对心理的影响、对生理的影响、对听力的损伤、对儿童成长的影响。A 选项属于碳氢化合物污染空气对人体的危害。
【出处】《房地产经纪专业基础》（第四版）P91

2. （单选题）噪声的污染源不包括（　　）。
    A. 雷鸣 B. 交通噪声
    C. 工业噪声 D. 施工噪声

【答案】A
【解析】噪声污染源包括交通运输噪声、社会生活噪声、工业噪声、建筑施工噪声。
【出处】《房地产经纪专业基础》（第四版）P91

小知识点 8-2：空气污染

1. 颗粒污染物及危害

颗粒污染物主要有尘粒（直径大于7μm的颗粒物）、落尘（直径在10μm至75μm之间的颗粒物）和飘尘（直径在10μm以下的颗粒物）三种。其中，直径在2.5μm至10μm之间的颗粒物，称为粗颗粒物；直径小于等于2.5μm（约为人类纤细头发直径的1/20～1/30）的颗粒物，称为细颗粒物，也称为可入肺颗粒物，即通常所说的PM2.5，是表征空气环境质量的主要污染物指标。

细颗粒物不易被阻挡，人吸入后会直接进入支气管，干扰肺部的气体交换，易引发哮喘、支气管炎、心血管病等疾病，还可通过支气管和肺泡进入血液，其中的有害气体、重金属等溶解在血液中，对人体健康的危害更大。粗颗粒物对人体健康的危害相对较小。煤烟尘能把建筑物表面熏黑，严重时能刺激人的眼睛，引起结膜炎等眼病。

2. 气态污染物是指以气体形态进入空气中的污染物，主要有硫氧化物、氮氧化物、一氧化碳、碳氢化合物。污染空气的硫氧化物主要是二氧化硫、三氧化硫。其中以二氧化硫的数量最多，危害最大。

3. 空气污染源包括交通污染源（主要污染物为碳氢化合物、一氧化碳、氮氧化物和含铅污染物，尤其是汽车尾气中的一氧化碳和铅污染）、生活污染源、工业污染源（钢铁、有色金属等企业在生产中排放有害物质）。

1. （单选题）直径大于75μm的颗粒物，颗粒较大，靠自身的重力可以在短时间内降到地面的颗粒物是（　　）。
    A. 尘粒 B. 落尘
    C. 飘尘 D. 降尘

【答案】A
【解析】尘粒是直径大于75μm的颗粒物，颗粒较大，靠自身的重力可在短时间内沉降到地面。
【出处】《房地产经纪专业基础》（第四版）P93

2. （单选题）导致慢性支气管炎、肺气肿的气态污染物是（　　）。
    A. 硫氧化物 B. 氮氧化物
    C. 一氧化碳 D. 碳氢化合物

【答案】B
【解析】污染空气的氮氧化物主要是一氧化氮、二氧化氮。二氧化氮对呼吸器官有刺激作用，慢性二氧化氮中毒可引起慢性支气管炎和慢性肺水肿。

【出处】《房地产经纪专业基础》(第四版) P93

小知识点 8-3：辐射污染
1. 辐射污染的种类
辐射污染分为电磁辐射污染和放射性辐射污染。
2. 光污染及其危害
4种主要的光污染：
① 视觉污染：指杂乱的视觉环境，如杂乱的垃圾堆物、乱摆的货摊、五颜六色的广告等，会使人感到不舒服。
② 灯光污染：如路灯、聚光灯、夜景照明等户外照明设置不当，造成灯光照进住宅，影响居民的日常生活和休息等。
③ 眩光污染：如车站、机场等过多闪动的信号灯，会使人视觉不适。
④ 其他光污染：如写字楼、商场、宾馆等建筑物的玻璃幕墙等，在阳光或强烈灯光照射下产生的强反射光，会扰乱人们的视觉，成为交通事故的隐患。
3. 其他电磁辐射污染及其危害
电磁辐射对人体的危害程度随着电磁波波长的缩短而增加。
根据电磁波的波长电磁波分为：长波、中波、短波、超短波、微波。他们对人体的危害程度随着电磁波波长的缩短而增加。其中，中、短波频段俗称高频辐射。经常接受高频辐射的人普遍感到头痛、头晕、周身不适、疲倦乏力、睡眠障碍、记忆力减退等，还能引起食欲不振、心血管系统疾病及女性月经周期紊乱。
4. 放射性辐射污染
放射性辐射污染的来源主要有下列4个。
（1）地球上的天然放射性源。这通常是指存在于地表、空气和水圈的天然放射性。
（2）人类活动增加的辐射。许多天然石材或工业生产中的副产品被用于制作建筑材料，这些建筑材料中往往含有放射性元素。
（3）医疗照射引起的放射性。医疗照射已成为主要的人工污染源。
（4）核燃料的"三废"排放。在核燃料的产生、使用和回收三个阶段均会产生"三废"，并对周围环境带来一定的污染。特别是核反应堆发生事故或发生地震时，所造成的放射性污染程度将大大增加。
放射性辐射污染会影响细胞的分裂，使细胞受到严重的损伤以至出现生殖、死亡、细胞减少、功能丧失，或者造成致癌、致突变作用。当人体受到一定剂量的照射后，会出现头痛、头晕、食欲不振、睡眠障碍以致死亡等。

1.（单选题）车站等过多闪动的信号灯属于（　　）。
　A. 灯光污染　　　　　　　　B. 眩光污染
　C. 视觉污染　　　　　　　　D. 其他光污染
【答案】B
【解析】眩光污染：如车站、机场等过多闪动的信号灯，会使人视觉不适。
【出处】《房地产经纪专业基础》(第四版) P97

2. （单选题）对人体危害程度最低的电磁波是（　　）。
   A. 长波　　　　　　　　B. 中波
   C. 短波　　　　　　　　D. 微波

【答案】A
【解析】电磁辐射对人体的危害程度随着电磁波波长的缩短而增加。根据电磁波的波长，分为长波、中波、短波、超短波、微波。
【出处】《房地产经纪专业基础》（第四版）P97

小知识点8-4：室内环境污染

6种常用建筑材料和装修材料的室内环境污染如下。

（1）无机非金属材料。如砂、石材、砖、砌块、水泥、混凝土、混凝土预制件等，它们影响人体健康较突出的是放射性辐射问题。某些材料中含有超过国家标准的辐射，如含有高本底的镭，镭可蜕变成放射性很强的氡，进入室内后造成室内氡污染，可引起肺癌。

（2）有机保温隔热材料。如合成隔热板，主要品种有聚苯乙烯泡沫塑料、聚氯乙烯泡沫塑料、聚氨酯泡沫塑料、脲醛树脂泡沫塑料等，这些材料随着使用时间的延长或遇到高温，会发生分解，释放甲醛、氯乙烯、苯、甲苯、醚类、甲苯二异氰酸酯（TDI）等有害物质。

（3）吸声和隔声材料。吸声材料主要有石膏板等无机材料，软木板、胶合板等有机材料，泡沫玻璃等多孔材料，矿渣棉、工业毛毯等纤维材料。隔声材料主要有软木、橡胶、聚氯乙烯塑料板等。它们可释放石棉、甲醛、酚类、氯乙烯等有害物质，出现眼结膜刺激、接触性皮炎、过敏等症状。

（4）人造板材。其中一般含有大量甲醛等挥发性有害物质。房屋里的人长期吸入这些物质，对身体危害很大。

（5）涂料。涂料所用的溶剂是挥发性很强的物质，也是室内空气污染的重要来源。涂料中的颜料和助剂还可能含有铅、铬、镉、汞、锰以及砷、五氯酚钠等有害物质，对人体健康也会造成危害。

（6）壁纸。某些化纤纺织物壁纸可释放甲醛等有害物质。塑料壁纸因含有未被聚合以及塑料的老化分解，可释放甲醛、氯乙烯、苯、甲苯、二甲苯、乙苯等挥发性污染物。天然纺织物壁纸特别是纯羊毛壁纸中的织物碎片，是一种致敏原，可导致人体过敏。

1. （单选题）人造板材做成的家具在室内释放高浓度的有害气体主要是（　　）。
   A. 甲苯　　　　　　　　B. 甲酸
   C. 甲醛　　　　　　　　D. 甲烷

【答案】C
【解析】人造板材生产过程中应用的胶粘剂含有甲醛，甲醛具有挥发性，对人体有害。
【出处】《房地产经纪专业基础》（第四版）P100

【真题实测】

一、单选题（每个备选答案中只有一个最符合题意）

1. 城市行政区内实际已成片开发建设、市政公用设施和公用设施基本具备的地区通常属于（　　）。
   A. 城市经济区　　　　　　　　B. 城市规划区
   C. 城市建成区　　　　　　　　D. 城市开发区

2. 根据污染物排放的形式，汽车在道路上行驶造成道路两侧一定范围内的污染，这类污染源称为（　　）。
   A. 线源　　　　　　　　　　　B. 面源
   C. 点源　　　　　　　　　　　D. 固定源

3. 下列关于居住条件的指标中，通常数字越小越好的是（　　）。
   A. 建筑间距　　　　　　　　　B. 容积率
   C. 得房率　　　　　　　　　　D. 绿地率

4. 根据城市的内部结构，中小城市一般是（　　）城市。
   A. 多中心　　　　　　　　　　B. 无中心
   C. 单中心　　　　　　　　　　D. 双中心

二、多选题（每个备选答案中有两个或两个以上符合题意）

5. 居住区内绿地包括（　　）。
   A. 宅旁绿地　　　　　　　　　B. 屋顶的人工绿地
   C. 城镇公共道路绿地　　　　　D. 居住区小游园
   E. 居住区公园

6. 在住宅小区景观中，通常采用的硬景观包括（　　）。
   A. 灯光　　　　　　　　　　　B. 座椅
   C. 草坪　　　　　　　　　　　D. 雕塑
   E. 水体

【真题实测答案】

1. 【答案】C
   【解析】城市建成区是指城市行政区内实际已成片开发建设、市政公用设施和公共设施基本具备的地区。
   【出处】《房地产经纪专业基础》（第四版）P75

2. 【答案】A
   【解析】线源是指沿着一条线排放污染物，如汽车在道路上行驶造成道路两侧一定范围内的污染。
   【出处】《房地产经纪专业基础》（第四版）P90

3. 【答案】B
   【解析】容积率是指一定用地范围内建筑面积总和与该用地总面积的比值，所以对住宅使用人来说，容积率越小、建筑间距越大、建筑密度越小越好。

【出处】《房地产经纪专业基础》(第四版) P79

4.【答案】C
【解析】根据城市的内部结构,分为单中心城市和多中心城市。中小城市一般是单中心的,大城市通常都是多中心的。
【出处】《房地产经纪专业基础》(第四版) P74

5.【答案】ADE
【解析】居住区内绿地主要有公共绿地、宅旁绿地等。公共绿地是为居住区配套建设、可供居民游憩或开展体育活动的公园绿地。宅旁绿地是指住宅四旁的绿地。
【出处】《房地产经纪专业基础》(第四版) P84

6.【答案】ABD
【解析】景观是指硬质的东西,主要是人造的设施,通常包括铺装、雕塑、凉棚、座椅、灯光、果皮箱等。
【出处】《房地产经纪专业基础》(第四版) P88

【章节小测】

一、单选题(每个备选答案中只有一个最符合题意)

1. 城市在一定区域、国家以及更大范围内的政治、经济与社会发展中所处的地位和担负的主要职能指的是(   )。
    A. 城市内部结构   B. 城市行政等级
    C. 城市性质   D. 城市规模

2. 城市规划区的范围通常是(   )。
    A. 大于城市建成区,小于或等于城市行政区
    B. 大于城市建成区,大于城市行政区
    C. 小于城市建成区,小于或等于城市行政区
    D. 小于城市建成区,大于城市行政区

3. 郊外化和逆城市化属于城市化的(   )。
    A. 离心发展阶段   B. 集中发展阶段
    C. 分散发展阶段   D. 聚拢发展阶段

4. 下列选项中,不属于厌恶性设施的是(   )。
    A. 邮局   B. 变电站
    C. 加油站   D. 化工厂

5. 与空气中氮氧化物在阳光作用下形成浅蓝色烟雾,被称为化学光物的气态污染物是(   )。
    A. 硫氧化物   B. 氮氧化物
    C. 一氧化碳   D. 碳氢化合物

6. 下列关于源强和源高说法错误的是(   )。
    A. 源强是单位时间内污染物的排放量
    B. 污染物的浓度与源强正相关
    C. 源高是污染物排放的高度

D. 离污染源越近，污染物的浓度越低
7. 一氧化碳大部分来自（　　）。
   A. 火力发电站　　　　　　　B. 汽车尾气
   C. 造纸厂　　　　　　　　　D. 水泥厂

二、**多选题**（每个备选答案中有两个或两个以上符合题意）

8. 下列景观中，属于软景观的是（　　）。
   A. 雕塑　　　　　　　　　　B. 和风
   C. 灯光　　　　　　　　　　D. 果皮箱
   E. 抗压草皮
9. 根据废物的来源，固体废物可分为（　　）。
   A. 城市垃圾　　　　　　　　B. 居民生活垃圾
   C. 市政维护和管理中产生的垃圾　　D. 工业固体废物
   E. 放射性固体废物

【章节小测答案】

1. 【答案】C
【解析】城市性质是指城市在一定区域，国家以及更大范围内的政治、经济与社会发展中所处的地位和担负的主要职能，它代表了城市的个性、特点和发展方向。
【出处】《房地产经纪专业基础》（第四版）P74

2. 【答案】A
【解析】城市规划区通常大于城市建成区，小于或等于城市行政区。
【出处】《房地产经纪专业基础》（第四版）P76

3. 【答案】A
【解析】在城市离心发展过程中，又有郊区化（也称为郊外化）和逆城市化两种不同的类型和阶段。
【出处】《房地产经纪专业基础》（第四版）P78

4. 【答案】A
【解析】厌恶性设施一般是指会使人们产生厌恶、恐惧等心理的设施或场所，如公共厕所、垃圾收集站、垃圾转运站、垃圾填埋场、垃圾焚烧厂、污水处理厂、高压线、变电站、火葬场、殡仪馆、公墓、传染病医院、牲畜屠宰场、危险化学品及易燃易爆品仓库或工厂、核电站、化工厂、汽车加油站、加气站、液化气供应站等。
【出处】《房地产经纪专业基础》（第四版）P86

5. 【答案】D
【解析】碳氢化合物包括甲烷、乙烷、乙烯等，是空气中的一类重要的污染物，与空气中的氮氧化物在阳光作用下形成浅蓝色烟雾，被称为光化学烟雾，危害很大。
【出处】《房地产经纪专业基础》（第四版）P94

6. 【答案】D
【解析】一般来说，离污染源越远，污染物的浓度越低。
【出处】《房地产经纪专业基础》（第四版）P94

7.【答案】B

【解析】一氧化碳大部分来自汽车尾气。

【出处】《房地产经纪专业基础》(第四版) P94

8.【答案】BE

【解析】软景观是指软质的东西，如自然的树木、水体、和风、细雨、阳光、天空，以及人工植被、水流等仿自然景观，如修剪的树木、抗压草皮、水池、喷泉等。硬景观是指硬质的东西，主要是人造的设施，通常包括铺装、雕塑、凉棚、座椅、灯光、果皮箱等。

【出处】《房地产经纪专业基础》(第四版) P88

9.【答案】ADE

【解析】根据废物的来源，分为城市垃圾、工业固体废物、农业废弃物和放射性固体废物。

【出处】《房地产经纪专业基础》(第四版) P96

第四章 房地产市场及其运行

【章节导引】

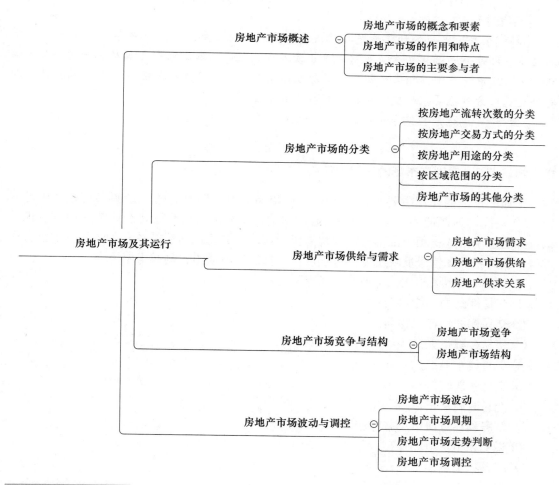

【章节核心知识点】

核心知识点 1：房地产市场的概念和要素

房地产市场：指所交易的商品是房地产或以房地产为交易对象（标的物）的市场。房地产交易主要有买卖、租赁等。

房地产市场构成要素：指构成房地产市场的必要因素，主要有3个：

① **市场主体**：即房地产的供给者（如房地产出卖人或出租人）和需求者（如房地产

购买人或承租人）；

②市场客体：即供交易（如买卖或租赁）的房地产商品和服务；

③交易条件：即符合交易双方利益要求的交易价格、付款方式、交付日期等。

只有同时具有上述三个要素，实际的房地产交易才可能发生，房地产市场才能形成。

1．（单选题）（真题）构成房地产市场的必要因素不包括（　　）。
　　A．市场主体　　　　　　　　　　B．市场客体
　　C．交易条件　　　　　　　　　　D．经纪机构

【答案】D

【解析】房地产市场的要素是指构成房地产市场的必要因素，主要有以下3个：①市场主体，即房地产的供给者（如房地产出卖人或出租人）和需求者（如房地产购买人或承租人）；②市场客体，即供交易（如买卖或租赁）的房地产商品和服务；③交易条件，即符合交易双方利益要求的交易价格、付款方式、交付日期等。

【出处】《房地产经纪专业基础》（第四版）P104

核心知识点2：房地产市场的作用和特点

房地产市场的作用主要有以下3个：①传递房地产供求信息；②调节房地产资源配置；③提高房地产使用效益。例如，通过房地产价格涨落信号反映及调节房地产供求关系，如通过房价或房租上涨信号反映房屋供不应求，并抑制房屋需求、刺激房屋供给；通过房价或房租下降信号反映房屋供过于求，并抑制房屋供给，刺激房屋需求。

与一般商品市场相比，房地产市场有下列特点：
①交易标的物不能移动；
②交易标的物各不相同；
③交易金额很大；
④交易成本较高；
⑤交易频次较低；
⑥交易时间较长；
⑦新房和存量房市场并存；
⑧买卖和租赁市场并存；
⑨市场状况各地不同；
⑩交易和市场易受管制；
⑪普遍需要经纪服务。

1．（单选题）房屋交易常常涉及环节较多、交易过程较复杂，表明房地产市场具有（　　）的特点。
　　A．交易频次高　　　　　　　　　B．交易时间长
　　C．交易标的物多　　　　　　　　D．交易金额大

【答案】B

【解析】房地产交易由于金额很大、流程复杂、风险点多,例如房屋购买者一般要实地查看拟购买的房屋,并会在多处房屋之间反复进行比选,由此还导致房地产经纪服务的链条较长、时间也较长。

【出处】《房地产经纪专业基础》(第四版)P105

2.(多选题)(真题)房地产市场的特点有( )。

A. 交易和市场易受管制
B. 房屋交易频率较高
C. 普遍需要经纪服务
D. 新房和存量房市场并存
E. 买卖和租赁市场并存

【答案】ACDE

【解析】房地产市场的特点包括:交易标的物不能移动、交易标的物各不相同、交易金额很大、交易频次很低、交易时间较长、交易成本较高、新房和存量房市场并存、买卖和租赁市场并存、市场状况各地不同、交易和市场易受管制、普遍需要经纪服务。

【出处】《房地产经纪专业基础》(第四版)P105

核心知识点 3:房地产市场的主要参与者

1. 房地产供给者

房地产供给者包括房地产开发企业、存量房拥有者和土地拥有者。

房地产出卖人的诉求主要是在保证交易安全的前提下售价较高、售出较快、回款较快。房地产出租人的诉求主要是租金较高、租出较快、满意的承租人。

2. 房地产需求者

房地产需求的类型包括:① 自用性需求:即"为用而买";② 投资性需求:即"为租而买";③ 特殊性需求:比如"学区房"。上述需求中,自用性需求和投资性需求是常态。

房地产自用性需求者的诉求主要是房地产满意、价格合适、交付较快。承租人的诉求还有是整租还是合租;合租的,会对合租人的性别、年龄、职业、生活习惯等有要求。

3. 房地产市场服务者

包括房地产经纪机构和其他专业服务机构。

其他专业服务机构包括:① 金融机构;② 房地产估价机构;③ 公证机构;④ 律师事务所;⑤ 房地产交易、不动产登记和相关纳税服务机构。

4. 房地产市场行政管理者

(1)房地产管理部门。包括国务院房地产管理部门和地方房地产管理部门。国务院房地产管理部门是住房和城乡建设部,地方房地产管理部门是各省、市、县等各级地方住房和城乡建设(房地产)管理部门。

(2)其他相关管理部门,如市场监管部门、发展改革部门、人力资源社会保障部门等。

5. 房地产市场相关自律管理组织

又称房地产行业组织,分为全国性行业组织和地方性行业组织。目前,中国房地产估价师与房地产经纪人学会是我国依法设立的唯一全国性房地产中介服务行业组织。

1. （多选题）下列主体中，属于房地产市场参与者的有（   ）。
   A. 房屋出售人　　　　　　　　B. 房屋购买人
   C. 金融机构　　　　　　　　　D. 房地产行业组织
   E. 房地产培训公司

【答案】ABCD

【解析】房地产市场参与者的角色较多，可分为以下3大类：① 房地产交易双方或交易当事人，即房地产的供给者和需求者；② 为房地产交易双方提供专业服务的房地产经纪机构及其他专业服务机构，统称房地产市场服务者；③ 对房地产交易、经纪等活动进行监督管理的行政管理部门和自律管理的行业组织。

【出处】《房地产经纪专业基础》（第四版）P106

2. （单选题）钱放在银行里担心贬值，还是放在房地产上安心些，反映了人们对房地产的（   ）。
   A. 自用性需求　　　　　　　　B. 投资性需求
   C. 投机性需求　　　　　　　　D. 保值性需求

【答案】D

【解析】保值性需求是担心通货膨胀（物价上涨、货币贬值）而购买房地产。通货膨胀是货币总量超过了流通中所需要的货币量，引起货币贬值，物价持续、普遍上涨的现象，即钱不值钱了。

【出处】《房地产经纪专业基础》（第四版）P108

核心知识点4：房地产市场的分类

1. 按照房地产流转次数

房地产市场分为一级市场、二级市场和三级市场。

（1）一级市场：是建设用地使用权出让市场，也成为土地一级市场；

（2）二级市场：是建设用地使用权出让后的房地产开发和经营，包括建设用地使用权转让市场、新建商品房销售（包括预售、现售）、租赁市场；

（3）三级市场：是投入使用后的房地产买卖、租赁等多种经营方式，包括购买的新建商品住房、已购公有住房、经济适用住房等的再次交易市场。

2. 按房地产交易方式

房地产市场分为买卖市场和租赁市场。

3. 按房地产用途

房地产市场分为居住房地产市场和非居住房地产市场。

4. 按区域范围

房地产市场分为区域房地产市场和整体房地产市场。

5. 按买卖双方在房地产市场上对价格影响的强弱

房地产市场分为卖方市场和买方市场。卖方市场是房地产供不应求，卖方处于有利地位。买方市场是房地产供大于求，买方处于有利地位。房地产市场总体上由卖方市场转变为买方市场。卖方市场下以房源为主，买方市场下客源是关键。

1. (单选题)将房地产市场分为一级市场、二级市场、三级市场,是根据( )划分。
    A. 房地产交易方式　　　　　B. 房地产市场用途
    C. 房地产流转次数　　　　　D. 达成交易与入住时间的异同
【答案】C
【解析】按照房地产流转次数,房地产市场分为一级市场、二级市场和三级市场
【出处】《房地产经纪专业基础》(第四版)P111

2. (多选题)房地产二级市场包括( )。
    A. 在建工程转让　　　　　　B. 新建商品房预售
    C. 新建商品房销售　　　　　D. 新建商品房租赁
    E. 建设用地使用权转让
【答案】BCE
【解析】房地产二级市场是建设用地使用权出让后的房地产开发和经营,包括建设用地使用权转让市场、新建商品房销售(预售、现售)、租赁市场。
【出处】《房地产经纪专业基础》(第四版)P111

3. (单选题)将房地产市场分为买卖市场和租赁市场的分类依据是( )。
    A. 房地产交易方式
    B. 房地产用途
    C. 达成交易与入住时间的异同
    D. 买卖双方在市场上对价格影响的强弱
【答案】A
【解析】按房地产交易方式,房地产市场分为买卖市场和租赁市场。
【出处】《房地产经纪专业基础》(第四版)P112

核心知识点 5:房地产市场需求

1. 含义
是指房地产需求者在某一特定时间内,在每一价格水平下,对某种房地产所愿意并且能够购买或承租的数量。

2. 决定房地产需求量的因素
(1)该种房地产的价格水平:较低的价格会带来较多的需求量;
(2)消费者的收入水平:对正常商品来说,消费者需求随收入的增加而增加,反之减少;对低档商品来说,消费者需求随收入的增加而减少,反之需求增加;
(3)人口数量和家庭数量:若其他条件相同,人口数量或家庭数量的增加,会带来相应的需求量增加;
(4)消费者的偏好:消费者偏好支配其在使用价值相同或相似的替代品之间的选择;
(5)相关物品的价格水平:若替代品价格上涨,则对该商品的需求量会增加;若互补品价格上涨时,则该商品的需求量也会下降;
(6)消费者对未来的预期:当消费者预期房价未来会上涨时,就会愿意购买,从而增

加对房子的现时需求,反之就会放弃购买、持币观望,从而减少对房子的现时需求。当消费者预期自己的收入未来会增加时,就会增加对房地产的现时需求,反之就会减少对房地产的现时需求。

1. (单选题)下列因素中,会导致某种房地产需求减少的是( )。
   A. 消费者偏好程度较高　　　　B. 预期价格未来会上涨
   C. 替代品价格较高　　　　　　D. 互补品价格较高

【答案】D

【解析】当消费者对某种房地产的偏好程度增强时,该种房地产的需求就会增加。当消费者预期房价未来会上涨时,会愿意购买,从而增加对房子的现时需求。在替代品的房地产之间,如果一种房地产的价格不变,而另一种房地产的价格上涨,则消费者就会把需求转移到价格不变的房地产上,从而该种房地产的需求会增加。当一种房地产的互补品价格降低时,对该种房地产的需求会增加,反之,对其需求会减少。

【出处】《房地产经纪专业基础》(第四版)P115

2. (多选题)房地产的需求量是由许多因素决定的,下列情况中,可以使房地产需求增加的有( )。
   A. 该种房地产价格降低　　　　B. 消费者收入降低
   C. 家庭人口数量增加　　　　　D. 该种房地产互补品价格较高
   E. 消费者预期未来该种房地产价格会上涨

【答案】ACE

【解析】一般地说,某种房地产如果提价了,对其需求量会减少,如果降价,需求量会增加,故A项正确。当消费者的收入增加时,会增加对该种商品的需求。人口数量或家庭数量的增加,会带来相应的需求量增加。当一种房地产的互补品价格降低时,对该种房地产的需求会增加。当消费者预期该种房地产价格未来会上涨时,该种房地产的现时需求通常会增加。

【出处】《房地产经纪专业基础》(第四版)P114

核心知识点6:房地产市场供给

1. 含义

是指房地产供给者在某一特定时间内,在每一价格水平下,对某种房地产所愿意并且能够提供出售或出租的数量。

供给形成的两个条件:
(1)房地产供给者愿意供给;
(2)房地产供给者有能力供给。

2. 决定房地产供给量的因素

(1)该种房地产的价格水平:某种房地产的价格越高,开发该种房地产越有利可图,房地产开发企业愿意开发的数量就会越多,反之,房地产开发企业愿意开发的数量就会越少。

（2）该种房地产的开发成本：开发成本上升，房地产开发利润率会下降，从而使该种房地产的供给减少，反之，会使该种房地产的供给增加。

（3）该种房地产的开发技术水平：开发技术水平的提供可以降低开发成本，增加开发利润，房地产开发企业就会开发更多的房地产。

（4）房地产供给者对未来的预期：如果房地产供给者预测房价未来会上涨，则房地产开发企业会增加房地产开发量，从而会使未来的房地产供给增加，同时房地产供给者会倾向于把现有的房地产留着不卖，从而会减少房地产的现时供给；反之，如果对未来的房地产市场不看好，结果会相反。

1．（单选题）某种房地产的供给量是由许多因素决定的，下列情况中可以使房地产现时供给量增加的有（　　）。
　　A．该种房地产的价格较高
　　B．开发成本上升
　　C．开发技术水平提高
　　D．人口或家庭数量增加
　　E．供给者预测未来房价会下降

【答案】ACE

【解析】一般地说，某种房地产的价格越高，开发该种房地产会越有利可图，房地产开发企业愿意开发的数量就会越多。在某种房地产的价格水平不变的情况下，当其开发成本上升，房地产开发利润率会下降，从而会使该种房地产的供给减少。在一般情况下，开发技术水平的提高可以降低开发成本，增加开发利润，房地产开发企业就会开发更多的房地产。如果房地产供给这对未来的房地产市场看好，如预测房价未来会上涨，则房地产开发企业会增加房地产开发量，会使未来的房地产供给增加，同时房地产供给者会把现有的房地产留着不卖，从而减少现时供给。如果他们对未来的房地产市场不看好，结果会相反。D项不是影响房地产供给量的因素。

【出处】《房地产经纪专业基础》（第四版）P116

2．（单选题）下列情况中可以造成房地产现时供给减少的是（　　）。
　　A．该种房地产的价格较高　　B．开发成本上升
　　C．开发技术水平提高　　　　D．供给者预测未来房价会下降

【答案】B

【解析】一般地说，某种房地产的价格越高，开发该种房地产会越有利可图，房地产开发企业愿意开发的数量就会越多。在某种房地产的价格水平不变的情况下，当其开发成本上升，房地产开发利润率会下降，从而会使该种房地产的供给减少。在一般情况下，开发技术水平的提高可以降低开发成本，增加开发利润，房地产开发企业就会开发更多的房地产。如果房地产供给者对未来的房地产市场看好，预测房价未来会上涨，则房地产开发企业会增加房地产开发量，从而会使未来的房地产供给增加，同时房地产供给者会倾向于把现有的房地产留着不卖，从而会减少房地产的现时供给。

【出处】《房地产经纪专业基础》（第四版）P116

核心知识点 7：房地产市场结构

市场结构：指某种商品或服务的竞争状况和竞争程度。根据市场结构，市场分为完全竞争市场、垄断竞争市场、寡头垄断市场和完全垄断市场。

市场	含义	必备条件
完全竞争市场	指竞争充分不受任何阻碍和干扰的市场	（1）有众多的卖者和众多的买者； （2）所买卖的商品或服务具有同质性，之间没有差别； （3）市场信息完全； （4）卖者和买者都可以自由地进入或退出市场； （5）卖者之间和买者之间都没有串通共谋行为，也没有政府干预
垄断竞争市场	指既有垄断又有竞争，以竞争为主的市场	（1）卖者和买者都较多； （2）商品或服务有差别； （3）市场信息较完全
寡头垄断市场	指少数几个供给的商品或服务的数量及其市场份额占该市场的绝大部分或全部的市场	寡头有两个或两个以上，其之间虽然存在着竞争，但不是低价竞争，寡头们在定价方面往往会达成某种默契甚至协议
完全垄断市场	指有一个卖者或一个买者控制的市场	通常多指由一个卖者控制的市场，称为卖方垄断市场

1．（单选题）在房地产市场竞争中，供给者提供的商品或服务有差别，但商品或服务之间又有一定的替代性，这种市场属于（　　）。
　　A．完全竞争市场　　　　　　　B．垄断竞争市场
　　C．寡头垄断市场　　　　　　　D．完全垄断市场
【答案】B
【解析】在垄断竞争市场中，虽然供给者提供的商品或服务有差别，但商品或服务之间又有一定的替代性，随着供给者数量的增加，供给者之间的商品或服务具有的竞争性也在增加。
【出处】《房地产经纪专业基础》（第四版）P119

2．（多选题）在房地产市场竞争中，造成卖方垄断的原因是（　　）。
　　A．资源控制　　　　　　　　　B．政府许可限制
　　C．专利　　　　　　　　　　　D．规模经济
　　E．竞争不充分
【答案】ABCD
【解析】造成卖方完全垄断的原因主要有以下 4 个：① 资源控制。如果一种商品的生产必需某些特定的资源，那么对这些资源的控制就会形成垄断。② 政府许可限制。如许可证、特许权、资质证等均可造成垄断。③ 专利。④ 规模经济。
【出处】《房地产经纪专业基础》（第四版）P120

核心知识点 8：房地产市场周期

一个完整的房地产市场周期一般会经历繁荣、衰退、萧条和复苏四个阶段。

房地产市场周期不同阶段的特征：

1. 繁荣阶段的特征：先是成交量和成交价均快速上升，成交量在达到峰值后回落，价格涨势逐渐趋缓；房价以比房租明显快的速度上涨，存量房换手快，交易量大；大批房地产开发项目开工；房屋空置率经历着在复苏阶段的基础上继续下降，到繁荣阶段后期开始上升的过程。

2. 衰退阶段的特征：新房销售困难；投机、投资者纷纷设法将自己持有的房地产脱手；房价以比房租明显快的速度下降；房屋空置率不断上升。

3. 萧条阶段的特征：成交量很小，市场非常冷清；房地产开发项目开工率低；自用性需求依市场惯性减少，房租下降。

4. 复苏阶段的特征：成交量和成交价同向变化，都是从底部回升，温和放大，成交量先于价格启动，房屋特别是存量房的租金和价格几乎同步上涨。另外，在复苏阶段的初期，房屋空置率高于正常水平；之后，随着需求的不断增加，空置率逐渐下降，到复苏阶段的后期，空置率下降到正常水平。

1.（单选题）"投机、投资性需求夹杂着自用性需求增加的时期"此描述是针对于（ ）。

A. 繁荣　　　　　　　　　　B. 衰退
C. 萧条　　　　　　　　　　D. 复苏

【答案】A

【解析】繁荣阶段可描述为"投机、投资性需求夹杂着自用性需求增加的时期"。

【出处】《房地产经纪专业基础》（第四版）P122

2.（单选题）下列房地产市场现象中，属于繁荣阶段特征的是（ ）。

A. 房价以比房租明显快的速度上涨
B. 房屋空置率不断上升
C. 自用性需求依市场惯性减少，房租下降
D. 成交量先于价格启动

【答案】A

【解析】繁荣阶段的主要特征有：先是成交量和成交价均快速上升，成交量在达到峰值后回落，价格涨势逐渐趋缓；房价以比房租明显快的速度上涨，存量房换手快，交易量大；大批房地产开发项目开工；房屋空置率经历着在复苏阶段的基础上继续下降，到繁荣阶段后期开始上升的过程。

【出处】《房地产经纪专业基础》（第四版）P122～123

核心知识点9：房地产市场走势判断

房地产经纪机构和房地产经纪从业人员可以通过以下5个指标分析判断房地产市场短期走势和房地产市场冷热程度。

（1）来访量。来访量增加，预示着未来的成交量会增加；反之，预示着未来的成交量会减少。该指标通过房地产经纪机构的相关业务记录数据可以得到。可细分为不同渠道的

来访量，如网络来访量、电话来访量、门店来访量。

（2）带看量。是指房地产经纪从业人员带领买房客户实地看房批次（同时有2~3人看房算作1个带看量）。具体可用"日均带看量"指标。该指标比来访量对房地产市场状况的反映滞后一点，但要准确可靠些，因为来访后不一定去实地看房，而如果去实地看房，则说明购买意愿较强，成交的可能性较大。

（3）平均带看次数。是指平均一套房屋自上市之日起至售出之日止的期间被客户实地看房的批次。平均带看次数越少，说明市场越火热；反之，说明市场越冷清。

（4）议价空间。议价空间=（挂牌价－成交价）/挂牌价×100%。从平均议价空间来看，如果它不断缩小，则说明市场向好。而当市场越来越低迷时，一方面挂牌价会走低，另一方面议价空间会扩大。通过观察平均议价空间的变化，例如是不断收窄还是不断扩大，可以判断房地产市场的冷热变化趋势。

（5）成交周期。是指平均一套房屋自上市之日起至售出之日止的时间。成交周期缩短，说明市场趋热；反之，成交周期拉长，说明市场趋冷。

1.（单选题）关于房地产市场的走势，下列说法中正确的是（　　）。
  A. 用带看量反映市场走势比来访量更准确
  B. 平均带看次数越少，说明市场越冷清
  C. 议价空间越低，说明市场越低迷
  D. 成交周期越长，说明市场趋热

【答案】A

【解析】带看量具体可用"日均带看量"指标。该指标比来访量对房地产市场状况的反映滞后一点，但要准确可靠些。平均带看次数越少，说明市场越火热；反之，说明市场越冷清。而当市场越来越低迷时，通常一方面挂牌价会走低，另一方面议价空间会扩大。成交周期缩短，说明市场趋热；反之，成交周期拉长，说明市场趋冷。

【出处】《房地产经纪专业基础》（第四版）P123

2.（单选题）当存量住房市场越不景气时，（　　）。
  A. 议价空间越小　　　　　　B. 卖方要价越高
  C. 成交价格越高　　　　　　D. 挂牌价越低

【答案】D

【解析】当市场越来越低迷时，一方面挂牌价会走低，另一方面议价空间会扩大。

【出处】《房地产经纪专业基础》（第四版）P124

【真题实测】

一、单选题（每个备选答案中只有一个最符合题意）

1. 房屋交易常常涉及环节较多、交易过程较复杂，表明房地产市场具有（　　）的特点。
  A. 交易频次高　　　　　　　B. 交易时间长
  C. 交易目标多　　　　　　　D. 交易金额不确定

2. 房地产出卖人的核心诉求不包括（　　）。
   A. 回款快　　　　　　　　　B. 售价高
   C. 售出快　　　　　　　　　D. 熟悉的买房人
3. 某中小城市房地产市场的新建商品住房项目较少，该城市新建商品住房市场竞争最可能呈现的特征是（　　）。
   A. 完全垄断　　　　　　　　B. 竞争多于垄断
   C. 完全竞争　　　　　　　　D. 垄断多于竞争
4. 将房地产市场分为一、二、三级的主要依据是（　　）。
   A. 区域范围　　　　　　　　B. 交易方式
   C. 流转次数　　　　　　　　D. 交易频率
5. 在存量房买卖市场中，议价空间一般是指（　　）之差。
   A. 挂牌价与成交价　　　　　B. 挂牌价与市场价
   C. 挂牌价与评估价　　　　　D. 挂牌价与计税价

二、多选题（每个备选答案中有两个或两个以上符合题意）
6. 下列房地产市场中，属于从"用途或功能"角度分类的有（　　）。
   A. 存量房市场　　　　　　　B. 住房二级市场
   C. 居住用房市场　　　　　　D. 商业用房市场
   E. 办公用房市场
7. 房地产市场的特点有（　　）。
   A. 交易和市场易受管制　　　B. 房屋交易频率较高
   C. 普遍需要经纪服务　　　　D. 新房和存量房市场并存
   E. 买卖和租赁市场并存
8. 房地产市场的构成要素主要有（　　）。
   A. 市场主体　　　　　　　　B. 监管规则
   C. 市场总量　　　　　　　　D. 市场客体
   E. 交易条件

【真题实测答案】

1.【答案】B
【解析】房地产交易由于金额很大、流程复杂、风险点多，例如房屋购买者一般要实地查看拟购买的房屋，并会在多处房屋之间反复进行比选，由此还导致房地产经纪服务的链条较长、时间也较长。
【出处】《房地产经纪专业基础》（第四版）P105

2.【答案】D
【解析】房地产出卖人的诉求主要是在保证交易安全的前提下售价较高、售出较快、回款较快。
【出处】《房地产经纪专业基础》（第四版）P107

3.【答案】D
【解析】由于一个城市或其内某一区域市场上的房地产开发企业和新建商品房项目通

常较少，容易形成区域性垄断，导致垄断多于竞争。

【出处】《房地产经纪专业基础》（第四版）P120

4.【答案】C

【解析】按房地产流转次数，房地产市场分为一级市场、二级市场、三级市场。

【出处】《房地产经纪专业基础》（第四版）P111

5.【答案】A

【解析】议价空间是说明挂牌价和成交价之间差距的指标。

【出处】《房地产经纪专业基础》（第四版）P124

6.【答案】CDE

【解析】按房地产用途，房地产市场分为居住房地产市场和非居住房地产市场。居住房地产市场主要是住房市场。非居住房地产市场又可分为商业用房市场、办公用房市场、工业用房市场等。存量房市场、住房二级市场属于按照房地产流转次数的分类。

【出处】《房地产经纪专业基础》（第四版）P112

7.【答案】ACDE

【解析】房地产的特点包括：交易标的物不能移动、交易标的物各不相同、交易金额很大、交易成本较高、交易频次很低、交易时间较长、新房和存量房市场并存、买卖和租赁市场并存、市场状况各地不同、交易和市场易受管制、普遍需要经纪服务。

【出处】《房地产经纪专业基础》（第四版）P105

8.【答案】ADE

【解析】房地产市场的要素是指构成房地产市场的必要因素，主要有以下3个：① 市场主体，即房地产的供给者（如房地产出卖人或出租人）和需求者（如房地产购买人或承租人）；② 市场客体，即供交易（如买卖或租赁）的房地产商品和服务；③ 交易条件，即符合交易双方利益要求的交易价格、付款方式、交付日期等。

【出处】《房地产经纪专业基础》（第四版）P104

【章节小测】

一、单选题（每个备选答案中只有一个最符合题意）

1. 房地产市场的供给者不包括（　　）。
   A. 房地产开发企业　　　　　　B. 房地产经纪公司
   C. 存量房拥有者　　　　　　　D. 土地拥有者

2. 房地产市场按照交易方式分类，可以分为（　　）。
   A. 一级市场、二级市场和三级市场
   B. 买卖市场和租赁市场
   C. 新房市场和存量房市场
   D. 居住市场和非居住市场

3. 因为消费者对商品的需求是有支付能力支持的需要，所以需求量的大小还是取决于消费者的（　　）。
   A. 需求意愿　　　　　　　　　B. 收入水平
   C. 家庭开支　　　　　　　　　D. 人口数量

4. 房地产因寿命长久、不像食品、衣服等易耗品那样需要经常购买，许多人甚至没有或仅有一两次房屋买卖经历，这体现了房地产市场的（　　）特点。
　　A. 交易金额较大　　　　　　　　B. 市场状况各地不同
　　C. 交易和市场易受管制　　　　　D. 交易频次较低
5. 房地产市场调控中，收紧或放松个人住房贷款，这方面措施属于（　　）。
　　A. 房地产税收政策措施　　　　　B. 房地产金融政策措施
　　C. 住房保障政策措施　　　　　　D. 土地供应政策措施

二、多选题（每个备选答案中有两个或两个以上符合题意）

6. 反映房地产市场变化状况的指标主要是（　　）。
　　A. 市场率　　　　　　　　　　　B. 网签量
　　C. 成交价　　　　　　　　　　　D. 挂牌价
　　E. 成交量
7. 下列关于房地产市场特点的说法，错误的是（　　）。
　　A. 房地产市场交易时间较长　　　B. 交易标的物不能移动
　　C. 交易和市场不受限制　　　　　D. 交易频次较低
　　E. 市场状况各地相同
8. 房地产市场进入衰退阶段的特征是（　　）。
　　A. 新房销售困难　　　　　　　　B. 房屋空置率上升
　　C. 房价以比房租明显快的速度下降　D. 存量房换手快
　　E. 成交量和成交价反向变化
9. 房地产市场普遍需要经纪服务是因为（　　）。
　　A. 交易金额大　　　　　　　　　B. 交易环节多
　　C. 专业性较强　　　　　　　　　D. 市场灵活度低
　　E. 市场规模大
10. 下列主体中属于房地产市场行政管理者的是（　　）。
　　A. 住房和城乡建设部　　　　　　B. 市场监管部门
　　C. 发展改革部门　　　　　　　　D. 房地产经纪机构
　　E. 人力资源社会保障部门

【章节小测答案】

1. 【答案】B
【解析】房地产市场的供给者是房地产开发企业、存量房拥有者、土地拥有者。
【出处】《房地产经纪专业基础》（第四版）P107
2. 【答案】B
【解析】按房地产交易方式，房地产市场可分为买卖市场和租赁市场。
【出处】《房地产经纪专业基础》（第四版）P112
3. 【答案】B
【解析】因为消费者对商品的需求是有支付能力支持的需要，所以需求量的大小还取决于消费者的收入水平。对大多数正常商品来说，当消费者的收入增加时，会增加该种商品的需求；反之，会减少对该种商品的需求。

【出处】《房地产经纪专业基础》（第四版）P114

4.【答案】D

【解析】住房等房地产因寿命长久、不像食品、衣服等易耗品那样需要经常购买，也不像电视机、电冰箱等耐用消费品那样每隔几年需要重新购买，通常要过一二十年才会为换房而重新购买，许多人甚至过去没有或仅有一两次房屋买卖经历，只有少数房地产投资者、投机者才有可能经常买卖房屋，因此房地产市场具有交易频次很低的特点。

【出处】《房地产经纪专业基础》（第四版）P105

5.【答案】B

【解析】房地产金融方面的政策措施包括：收紧或放松个人住房贷款，比如对新增个人住房贷款规模、房地产贷款所占比例实施管控或放开；提高或降低个人住房贷款最低首付款比例、贷款利率、最高贷款额度，延长或缩短最长贷款期限；实施差别化住房信贷政策。

【出处】《房地产经纪专业基础》（第四版）P125

6.【答案】CE

【解析】反映房地产市场变化状况的指标主要是成交价和成交量。

【出处】《房地产经纪专业基础》（第四版）P121

7.【答案】CE

【解析】房地产的特点包括：交易标的物不能移动、交易标的物各不相同、交易金额很大、交易成本较高、交易频次很低、交易时间较长、新房和存量房市场并存、买卖和租赁市场并存、市场状况各地不同、交易和市场易受管制、普遍需要经纪服务。

【出处】《房地产经纪专业基础》（第四版）P105～106

8.【答案】ABC

【解析】衰退阶段的主要特征有：新房销售困难；投机、投资者纷纷设法将自己持有的房地产脱手；房价以比房租明显快的速度下降；房屋空置率不断上升。D项是繁荣阶段的特征。

【出处】《房地产经纪专业基础》（第四版）P122

9.【答案】ABC

【解析】房地产交易由于标的独特、金额很大、税费较高、频次很低、流程复杂、时间较长、风险点多、专业性强，交易当事人通常十分慎重，但又缺乏相关专业知识和经验，非常需要诚信、专业的经纪服务。

【出处】《房地产经纪专业基础》（第四版）P105～106

10.【答案】ABCE

【解析】房地产市场行政管理者主要有下列2类。（1）房地产管理部门。房地产管理部门有国务院房地产管理部门和地方房地产管理部门。目前，国务院房地产管理部门是住房和城乡建设部，地方房地产管理部门是各省、市、县等各级地方住房和城乡建设（房地产）管理部门。（2）其他相关管理部门，如市场监管部门、发展改革部门、人力资源社会保障部门等。

【出处】《房地产经纪专业基础》（第四版）P110～111

第五章 房地产价格及其评估

【章节导引】

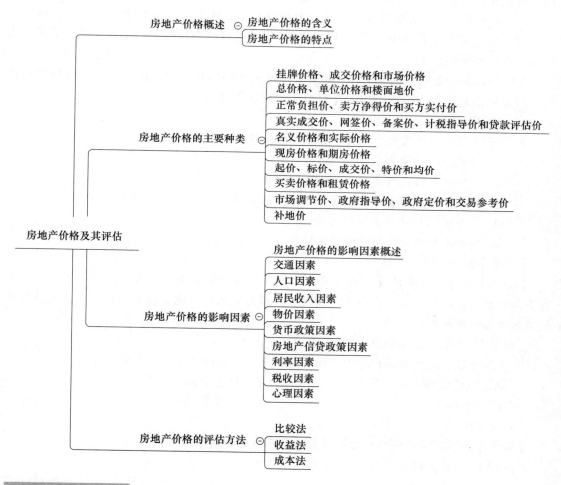

【章节核心知识点】

核心知识点1：房地产价格的特点

房地产价格与一般商品价格的不同之处，即为房地产价格的特点，主要有：

1. 价格与区位密切相关：在质量、产权、户型等其他状况均相同的情况下，区位较好的房地产，价格较高；区位较差的房地产，价格较低。商铺尤其如此，甚至有"一步三市"之说。

2. 实质上是权益的价格：实物状况相同的房地产，权益状况可能千差万别，并导致它们之间的价格有所不同。

3. 兼有买卖和租赁价格：房地产同时有两种价格：一是其本身有一个价格，即买卖价格，简称价格；二是使用其一定时间的价格，即租赁价格，简称租金。

4. 不仅单价高且总价大：有时住房因总价过大，许多人买不起，还出现了小面积住房比大面积住房的单价明显高的现象。

5. 价格形成的时间通常较长：在房地产交易过程中，交易双方往往要反复协商交易价格、付款方式、交易税费负担方式等交易条件。因此，房地产价格形成的时间通常较长。

6. 价格易受交易情况影响：房地产价格通常因具体交易需要而个别形成，容易受卖方急需资金、买方急需使用、买方特殊偏好、付款方式、交易税费负担方式以及感情冲动等实际交易情况的影响。

7. 价格涵盖的内容多样复杂：除了反映房地产的实物状况，还反映其区位和权利状况，以及可能附着在房地产上的额外利益、债权债务等。

1. （多选题）下列选项中，属于房地产价格特征的有（　　）。
A. 房地产价格受区位影响不大
B. 房地产价格实质是房地产权益的价格
C. 房地产价格容易受交易者的个别情况影响
D. 房地产价格是指其买卖价格
E. 房地产价格形成的时间通常较长

【答案】BCE

【解析】房地产价格的特点主要有：价格与区位密切相关、实质上是权益的价格、兼有买卖和租赁价格、不仅单价高且总价大、价格形成的时间通常较长、价格易受交易情况影响和价格涵盖的内容多样复杂。

【出处】《房地产经纪专业基础》（第四版）P129

2. （单选题）下列商品价格中，通常情况下，形成时间相对较长的是（　　）。
A. 服装价格　　　　　　　　B. 住宅价格
C. 轿车价格　　　　　　　　D. 食品价格

【答案】B

【解析】房地产价格的特点之一是价格的形成时间通常较长。

【出处】《房地产经纪专业基础》（第四版）P130

核心知识点 2：房地产价格的主要种类

1. 挂牌价格、成交价格和市场价格

（1）挂牌价格：简称挂牌价，是所售房地产的标价，即卖方自己或房地产经纪人替其标出的所售房地产的要价或开价、报价。挂牌价不是成交价，且一般高于成交价。

（2）成交价格：简称成交价，是指在成功的交易中买方支付和卖方接受的金额。通常随着交易双方约定的交易条件，对市场行情和交易对象的了解程度，出售或购买的动机或急迫程度、交易双方之间的关系、议价能力和技巧、卖方的价格策略等的不同而不同。

卖方要价是卖方出售房地产时所愿意接受的价格，买方出价是买方购买房地产时所愿意支付的价格，在一笔成功的房地产交易中，买卖双方的成交价必然高于或等于卖方最低要价，低于或等于买方最高出价。

（3）市场价格：简称市场价、市价，是指某种房地产在市场上的平均交易价格。

2. 总价格、单位价格和楼面地价

（1）总价格：简称总价，是指某一宗或某一区域范围内的房地产整体的价格。

（2）单位价格：简称单价，主要有房地产单价和土地单价。单位价格一般可以反映价格水平的高低。

（3）楼面地价：也称为楼面价，是一种特殊的土地单价，指一定地块分摊到单位建筑面积上的土地价格。

$$即楼面地价 = \frac{土地总价}{总建筑面积} = \frac{土地单价}{容积率}$$

3. 正常负担价、卖方净得价和买方实付价

（1）正常负担价：是指房地产交易税费由交易双方按照税收法律、法规及相关规定各自负担下的价格，或者交易双方各自缴纳自己应缴纳的交易税费下的价格，即在此价格下，卖方缴纳自己应缴纳的税费，买方缴纳自己应缴纳的税费。

（2）卖方净得价：指卖方出售房地产实际得到的金额，等于卖方所得价款减去其负担的房地产交易税费。

（3）买方实付价：指买方取得房地产付出的全部金额，等于买方支付的价款加上其负担的房地产交易税费。

同一房地产在价格水平相同的情况下，卖方净得价最低，买方实付价最高，正常负担价居中。三者的关系为：

正常负担价－卖方应缴纳的税费＝卖方净得价

正常负担价＋买方应缴纳的税费＝买方实付价

如果卖方、买方应缴纳的税费是正常负担价的一定比率，则：

$$正常负担价 = \frac{卖方净得价}{1-卖方应缴纳的税费比率}$$

$$正常负担价 = \frac{买方实付价}{1+买方应缴纳的税费比率}$$

1.（单选题）某套住宅的卖方，其最低要价为 38 万元，而买方愿意支付的最高价格为 42 万元，则该套住宅价格可能是（　　）。

A. 低于 38 万元　　　　　　　B. 位于 38 万～42 万元之间

C. 高于 42 万元　　　　　　　D. 不存在

【答案】B

【解析】在一笔成功的房地产交易中，买卖双方的成交价必然高于或等于卖方最低要价，低于或等于买方最高出价。

【出处】《房地产经纪专业基础》（第四版）P133

2. (单选题)下列情形中,房地产的成交价格通常低于正常市场价格的为( )。
   A. 人为哄抬价格的交易　　　　B. 卖方对房地产有特别的感情
   C. 亲友之间的交易　　　　　　D. 买方不了解市场行情,盲目购买

【答案】C
【解析】正常成交价格是指交易双方在正常交易情况下进行交易的成交价格,即不存在特殊交易情况下的成交价格。所谓特殊交易情况,包括利害关系人之间、对市场行情或交易对象缺乏了解、被迫出售或被迫购买(包括急于出售或急于购买,被强迫出售或被强迫购买)、对交易对象有特殊偏好、相邻房地产合并、人为哄抬价格、受迷信影响等的交易。
【出处】《房地产经纪专业基础》(第四版) P134

3. (单选题)一笔成功的房地产交易需要具备的条件是( )。
   A. 成交价低于卖方最低要价　　　　B. 买方最高出价低于卖方最低要价
   C. 成交价高于或等于买方最高出价　D. 买方最高出价高于或等于卖方最低要价

【答案】D
【解析】在实际交易中,只有当买方最高出价高于或等于卖方最低要价时,交易才可能成功。
【出处】《房地产经纪专业基础》(第四版) P133

核心知识点3:房地产价格的影响因素

1. 交通因素:开辟新的交通线路可以改善沿线地区特别是交通站点周边地区的交通条件,通常会使这些地区的房地产价格上升。① 从房地产类型来看,对交通依赖程度越高的房地产,其价格上升幅度通常会越大。② 从房地产位置来看,离道路或交通站点越近的房地产,其价格上升幅度通常会越大。③ 从影响发生的时间来看,对房地产价格的上升作用主要发生在交通项目立项之后、完成之前。

2. 人口因素:主要有人口数量、人口结构和人口素质。随着家庭人口规模小型化,每个家庭平均人口数下降,家庭数量增多,所需的住宅总量将会增加,住宅价格有上涨的趋势。

3. 居民收入因素:通常,居民可支配收入的真正增加,意味着人们的生活水平将随之提高,其居住与活动所需的空间会扩大,从而会增加对房地产的需求,导致房地产价格上涨。

4. 物价因素:某些物价的变动可能会引起房地产价格的变动,特别是诸如建筑材料价格、建筑设备价格、建筑人工费等价格上涨,会增加房地产开发成本,从而可能引起"成本推动型"的房地产价格上涨。

5. 货币政策因素:货币政策放松,通常会导致房地产价格上涨;货币政策收紧,通常会导致房地产价格下降。货币政策对房地产价格的影响程度,还受房地产信贷政策的松紧程度的影响,信贷政策越紧,货币政策对房地产价格的影响就较小,反之则较大。

6. 房地产信贷政策因素:提高个人购房最低首付款比例、上调个人购房贷款利率、降低最高贷款额度、缩短最长贷款期限,会提高购房门槛、增加购房支出、降低购房支付能力,从而会减少住房需求,进而会使住房价格下降;反之,会使住房价格上涨。

7. 利率因素：从综合效应看，利率上升，房地产价格会下降；利率下降，房地产价格会上涨。另外，降息通常被认为是刺激经济的政策工具，由此来看，利率下降也有利于房地产价格上升。

8. 税收因素

（1）房地产流转环节的税收。增加卖方的税收，会使房地产价格上涨，反之会使房地产价格下降；增加买方的税收，会使房地产价格下降，反之，会使房地产价格上涨。

（2）房地产保有环节的税收。增加房地产保有环节的税收，会增加持有房地产的成本，会抑制房地产投资和投机，进而减少房地产需求，导致房地产价格下降。反之，减少这部分税收，会导致房地产价格上涨。

（3）房地产开发环节的税收。如果是卖方市场，增加房地产开发环节的税收会使房地产价格上涨，减少房地产开发环节的税收难以使房地产价格下降，会转化为"超额利润"；如果是买方市场，增加这部分税收会使房地产开发企业内部消化，难以使房地产价格上涨，减少这部分税收会使房地产价格下降。

9. 心理因素：影响房地产价格的心理因素主要有以下5个：① 购买或出售时的心态；② 个人的欣赏趣味或偏好；③ 时尚风气、跟风或从众心理；④ 接近名家住宅的心理；⑤ 讲究"风水"或吉祥号码。

1. （多选题）下列房地产价格的影响因素中，可能引起房地产价格下降的有（　　）。
   A. 家庭人口规模小型化
   B. 中等收入的居民收入增加
   C. 建材价格下降
   D. 房地产拥有者惜售
   E. 增加房地产税

【答案】CE

【解析】随着家庭人口规模小型化，即每个家庭平均人口数下降，家庭数量增多，所需住宅套数将会增加，住宅的价值价格有上升趋势。如果居民可支配收入的增加主要是中等收入者的收入增加，其所增加的收入此时依消费顺序会大部分甚至全部用于提高居住水平，则会增加对居住用房地产的需求，从而导致居住用房地产价格上涨。诸如建筑材料价格、建筑设备价格、建筑人工费等"房地产投入要素"的价格上涨，会增加房地产开发成本，从而可能引起"成本推动型"的房地产价格上涨。如果该房地产拥有者惜售，则房地产需求者只有出高价才可能改变其惜售态度，因此，如果达成交易，成交价格通常会明显高于正常市场价格。增加房地产持有环节的税收，比如开征按评估值、每年征收的房地产税，会增加房地产持有成本，抑制房地产投资和投机，进而减少房地产需求，导致房地产价格下降。

【出处】《房地产经纪专业基础》（第四版）P146

核心知识点4：房地产价格的评估方法

一宗房地产的价值通常可以通过三个途径来求取：
（1）近期市场上相似的房地产是以什么价格进行交易的，由此产生的比较法；
（2）如果该房地产出租或自营，预期可以获得多少收益，由此产生的收益法；

（3）如果重新开发一宗相同或相似的房地产所必须付出的代价，由此产生的成本法。

小知识点 4-1：比较法

1. 比较法的适用对象

比较法适用的估价对象是同类数量较多、有较多交易且具有一定可比性的房地产，例如：① 住宅，包括普通住宅、高档公寓、别墅等。特别是数量较多、可比性较好的成套住宅最适用比较法估价。② 写字楼。③ 商铺。④ 标准厂房。⑤ 房地产开发用地。

下列房地产难以采用比较法估价：① 数量很少的房地产，如特殊厂房、机场、码头等。② 很少发生交易的房地产，如学校、医院、行政办公楼等。③ 可比性很差的房地产，如在建工程等。

2. 比较法估价的步骤：① 搜集交易实例；② 选取可比实例；③ 对可比实例成交价格进行处理；④ 计算比较价格。

其中可比实例选取应符合的基本要求有：

① 可比实例房地产应与评估对象房地产相似；

② 可比实例的交易方式应适合估价目的；

③ 可比实例的成交日期应尽量接近价值时点；

④ 可比实例的成交价格应尽量为正常价格。

小知识点 4-2：收益法

（1）收益法的适用对象

有收益或有潜在收益的房地产，如住宅、写字楼、商铺、宾馆、停车场等。

（2）影响房地产价格高低的3个因素（收益法角度）

① 未来净收益的大小——未来净收益越大、房地产价格越高，反之越低；

② 获取净收益期限的长短——获取净收益期限越长，房地产价格越高，反之越低；

③ 获得净收益的可靠程度——获取净收益越可靠，房地产价格越高，反之越低。

（3）运用收益法估价的步骤：① 选择具体估价方法；② 估计收益期或持有期；③ 预测未来收益；④ 确定报酬率或资本化率；⑤ 计算收益价格。

小知识点 4-3：成本法

成本法是测算估价对象在价值时点的重置成本或重建成本和折旧，将重置成本或重建成本减去折旧得到估价对象价格的方法。

1. 运用成本法估价的步骤：① 测算房地产重新购建价格；② 测算房地产折旧；③ 计算房地产价格。

2. 成本法基本公式为：房地产价格＝房地产重新购建价格－房地产折旧

1.（单选题）下列房地产中，可以采用比较法估算价格的是（　　）。

A. 在建工程　　　　　　　　B. 医院

C. 机场　　　　　　　　　　D. 房地产开发用地

【答案】D

【解析】比较法适用的估价对象是同类数量较多、有较多交易且具有一定可比性的房地产，例如：① 住宅，包括普通住宅、高档公寓、别墅等。特别是数量较多、可比性较好的成套住宅最适用比较法估价。② 写字楼。③ 商铺。④ 标准厂房。⑤ 房地产开发用地。

【出处】《房地产经纪专业基础》（第四版）P153

2. （多选题）现有一商业区的商铺，面积120m²，需要评估其市场价值，下列同区域交易实例中可选择作为可比案例的有（　　　）。

A. 面积110m²，近期出租，年租金30万元
B. 面积125m²，三年前购入，购买750万元
C. 面积128m²，近期售出，售价920万元
D. 面积115m²，近期售出，售价510万元，位于商业区附近住宅小区内
E. 面积1200m²，近期出租，年租金210万元

【答案】AC

【解析】选取的可比实例应符合以下4个基本要求：① 可比实例房地产应与估价对象房地产相似；② 可比实例的交易方式应适合估价目的；③ 可比实例的成交日期应尽量接近价值时点；④ 可比实例的成交价格应尽量为正常价格。

【出处】《房地产经纪专业基础》（第四版）P154

3. （单选题）某宗房地产土地使用年限是50年，至今已使用10年，正常情况下每年可获得净收益5万元，该宗房地产的报酬率为8%，则其收益价格为（　　　）万元。

A. 59.62　　　　　　　　　　B. 62.50
C. 88.35　　　　　　　　　　D. 100.63

【答案】A

【解析】按照题干所述，收益期还有40年，净收益5万元不变，满足收益期为有限年且净收益每年不变。根据公式 $V = A/Y[1-1/(1+Y)^n] = (5/8\%)[1-1/(1+8\%)^{40}] = 59.62$ 万元。

【出处】《房地产经纪专业基础》（第四版）P161

【真题实测】

一、单选题（每个备选答案中只有一个最符合题意）

1. 下列房地产价格影响因素的变化情形中，会引起房价下降的是（　　　）。
   A. 土地价格上涨　　　　　　B. 居民收入增长
   C. 个人住房贷款利率上升　　D. 城市人口增加

2. 一个城市的房地产价格通常是从市中心到郊区逐渐递减的，这说明房地产价格具有（　　　）的特点。
   A. 易受交易者个别因素影响　　B. 形成的时间比较长
   C. 与区位密切相关　　　　　　D. 包含的内容复杂多样

3. 比较法评估房地产价格时，对可比实例成交日期进行调整属于（　　　）。
   A. 市场状况调整　　　　　　B. 交易情况修正
   C. 房地产状况调整　　　　　D. 比较基础建立

二、多选题（每个备选答案中有两个或两个以上符合题意）

4. 下列影响房地产价格因素中，属于心理因素的有（　　　）。
   A. 停车方便程度　　　　　　B. 个人偏好

C. 交易税率调整　　　　　　D. 通货膨胀预期
E. 购买迫切程度

5. 下列房地产中，适用比较法评估其价格的有（　　）。
   A. 特殊厂房　　　　　　　B. 商铺
   C. 写字楼　　　　　　　　D. 机场
   E. 医院

【真题实测答案】

1.【答案】C

【解析】可使房价下降的原因包括：城市人口数量下降，需求下降导致价格下降、利率上升；可使房价上涨的原因包括：土地价格上涨、居民收入增加、城市人口增加、利率下降等。

【出处】《房地产经纪专业基础》（第四版）P145

2.【答案】C

【解析】房地产由于不可移动，其价格与区位密切相关。从一个城市来看，房地产价格总体上是从市中心向郊区递减。

【出处】《房地产经纪专业基础》（第四版）P129

3.【答案】A

【解析】由于可比实例的成交日期通常是过去，所以可比实例的成交价格通常是在过去的房地产市场状况下形成的。而需要评估的估价对象价格是在价值时点的价格，应是在价值时点的房地产市场状况下形成的。因此，应将可比实例在其成交日期的价格调整到价值时点的价格。这种对可比实例成交价格进行的调整，称为市场状况调整，也称为交易日期调整。

【出处】《房地产经纪专业基础》（第四版）P154

4.【答案】BE

【解析】影响房地产价格的心理因素主要有以下5个：① 购买或出售时的心态；② 个人的欣赏趣味或偏好；③ 时尚风气、跟风或从众心理；④ 接近名家住宅的心理；⑤ 讲究"风水"或吉祥号码。

【出处】《房地产经纪专业基础》（第四版）P152

5.【答案】BC

【解析】比较法适用的估价对象是同类数量较多、有较多交易且具有一定可比性的房地产，例如：① 住宅，包括普通住宅、高档公寓、别墅等。特别是数量较多、可比性较好的成套住宅最适用比较法估价。② 写字楼。③ 商铺。④ 标准厂房。⑤ 房地产开发用地。机场属于数量较少的房地产；医院属于很少发生交易的房地产。

【出处】《房地产经纪专业基础》（第四版）P153

【章节小测】

一、单选题（每个备选答案中只有一个最符合题意）

1. 在买方市场下，房地产成交价会偏向（　　）。

A. 买方最低出价　　　　　　B. 买方最高出价
C. 卖方最低要价　　　　　　D. 卖方最高要价

2. 有甲、乙两块面积相同的土地，甲的总价为1250万元，容积率为2.5，乙的总价为1500万元，容积率为3。若其他利用条件均相同，则从楼面地价的角度来判断，甲、乙的关系是（　　）。
A. 甲比乙贵　　　　　　　　B. 乙比甲贵
C. 甲与乙同价　　　　　　　D. 无法判断

3. 李某向张某购买一套单价为8000元/m^2的住宅，买卖税费均由张某负担。该地区商品住宅买卖中买方、卖方应缴纳的税费分别为正常成交价格的3%、6%，该商品住宅在正常负担下的价格为（　　）元/m^2。
A. 7520　　　　　　　　　　B. 7766.99
C. 8240　　　　　　　　　　D. 8510.64

4. 某旧住宅，构建价格为20万元，现在重置价格是50万元，由于门窗破旧引起的物质折旧为1万元，由于位于城市衰落地区引起的外部折旧为3万元，因户型设计不好等导致的功能性折旧为6万元，该住宅的现值是（　　）元。
A. 40万　　　　　　　　　　B. 41万
C. 44万　　　　　　　　　　D. 50万

二、多选题（每个备选答案中有两个或两个以上符合题意）

5. 下列关于房地产价格的说法，正确的有（　　）。
A. 房地产价格与区位关系密切　　B. 房地产价格实质是权益价格
C. 房地产价格形成时间通常较长　D. 房地产价格不易受个别情况影响
E. 房地产价格即是房地产的买卖价格

6. 下列房地产中，通常不适宜采用比较法评估的有（　　）。
A. 普通住宅在建工程　　　　B. 普通住宅
C. 行政办公楼　　　　　　　D. 标准厂房
E. 民用机场

7. 下列情形中，该笔房地产交易可能成功的有（　　）。
A. 买方最高出价高于卖方最低要价　B. 买方最高出价低于卖方最低要价
C. 买方最高出价等于卖方最低要价　D. 买方最低出价高于卖方最高要价
E. 买方最低出价低于卖方最高要价

8. 楼面地价为（　　）的比值。
A. 土地总价与土地总面积　　B. 土地总面积与总建筑面积
C. 土地单价与建筑密度　　　D. 土地总价与总建筑面积
E. 土地单价与容积率

9. 下列影响房地产价格的因素中，可能引起房地产价格下降的有（　　）。
A. 利率下降　　　　　　　　B. 买方市场下，减少卖方税收
C. 建材价格下降　　　　　　D. 房地产拥有者急于变现
E. 家庭人口规模小型化

10. 采用比较法评估房地产价格，在选取可比实例后，为建立比较基础，首先应统一

可比实例的（　　）。

A．财产范围　　　　　　　　B．成交时间
C．付款方式　　　　　　　　D．税费负担
E．计价单位

【章节小测答案】

1．【答案】C
【解析】在买方市场下，因买方在交易上处于有利地位，成交价会偏向卖方最低要价。
【出处】《房地产经纪专业基础》（第四版）P133

2．【答案】C
【解析】因为甲、乙两块土地面积相同，则土地单价甲为1250万元／面积，乙为1500万元／面积。楼面地价＝土地单价／容积率。则甲的楼面地价为1250万元／面积／2.5＝乙的楼面地价1500万元／面积／3。
【出处】《房地产经纪专业基础》（第四版）P135

3．【答案】B
【解析】根据公式正常负担价＝买方实付价／（1＋买方应缴纳的税费比率）＝8000／（1＋3%）＝7766.99。
【出处】《房地产经纪专业基础》（第四版）P136

4．【答案】A
【解析】住宅的现值＝重置成本－折旧可得答案。
【出处】《房地产经纪专业基础》（第四版）P167

5．【答案】ABC
【解析】房地产价格与一般商品价格的不同之处主要有：① 价格与区位密切相关；② 实质上是权益的价格；③ 兼有买卖和租赁价格；④ 不仅单价高且总价大；⑤ 价格形成的时间通常较长；⑥ 价格易受交易情况影响；⑦ 价格涵盖内容多样复杂。
【出处】《房地产经纪专业基础》（第四版）P129

6．【答案】ACE
【解析】下列房地产难以采用比较法估价：① 数量很少的房地产，如特殊厂房、机场、码头等。② 很少发生交易的房地产，如学校、医院、行政办公楼等。③ 可比性很差的房地产，如在建工程等。
【出处】《房地产经纪专业基础》（第四版）P153

7．【答案】AC
【解析】在实际交易中，只有当买方最高出价高于或等于卖方最低要价时，交易才可能成功。
【出处】《房地产经纪专业基础》（第四版）P133

8．【答案】DE
【解析】楼面地价＝土地总价／总建筑面积，还可推导出：楼面地价＝（土地总价／总建筑面积）×（土地总面积／土地总面积）＝（土地单价／容积率）。
【出处】《房地产经纪专业基础》（第四版）P135

9.【答案】BCD

【解析】利率下降，房地产价格会上涨。在买方市场，增加卖方的税收主要会降低卖方的收益，难以导致房地产价格上涨，减少卖方税收，会使价格下降。诸如建筑材料价格等房地产投入要素的价格上涨，会增加房地产开发成本，从而可能引起房地产价格上涨。房地产拥有者突然发生资金调度困难，急需资金周转，这时的成交价格通常会明显低于市场价格。家庭人口规模小型化，家庭数量增多，所需的住宅总量将会增加，住宅价格有上涨的趋势。

【出处】《房地产经纪专业基础》（第四版）P146

10.【答案】ACDE

【解析】采用比较法在选取可比实例后，建立比较基础一般要统一财产范围、统一付款方式、统一融资条件、统一税费负担方式及统一计价方式。

【出处】《房地产经纪专业基础》（第四版）P155

第六章　房地产投资及其评价

【章节导引】

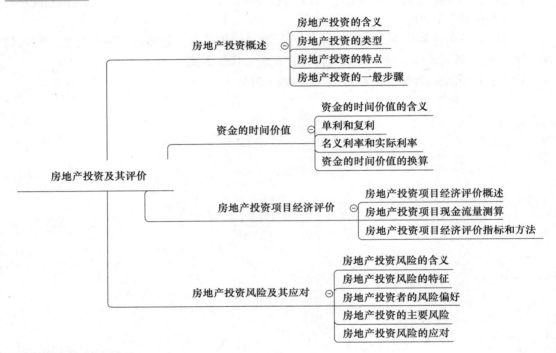

【章节核心知识点】

核心知识点 1：投资的特征以及房地产投资的类型

投资的本质是为了求事后回报而进行的事先投入。在经济领域，投资通常是指为了获取预期的未来收益而事先投入资金（如货币或物资）的活动，是以现在的较确定的资金，去换取未来的较不确定但预期比现在要多的资金。

投资有以下 4 个特征：① 必须有投入；② 必须求回报；③ 必须有时间差；④ 具有风险性。

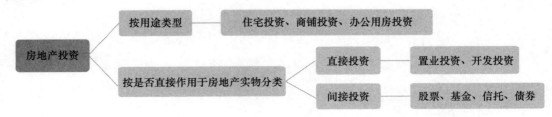

根据投入的资金是否直接用于房地产实物，分为房地产直接投资和房地产间接投资。

（1）直接投资：是投资者将资金用于购买房地产实物或从事房地产开发经营的行为，又可分为房地产置业投资和房地产开发投资。

（2）间接投资：是投资者资金用于购买房地产相关有价证券等的行为，如购买有关房地产的股票、基金、债券、信托产品等。

投资的特点主要有 8 个：兼有投资和消费双重功能、投资金额较大、可使用资金杠杆、可抵御通货膨胀、投资时间较长、投资选择的多样性、投资区域的差异性和投资价值的附加性。

1. （单选题）下列关于投资的说法，错误的是（ ）。
   A. 必须有投入　　　　　　　　B. 必须求回报
   C. 必须有时间差　　　　　　　D. 没有风险性

【答案】D

【解析】投资有以下 4 个特征：① 必须有投入；② 必须求回报；③ 必须有时间差；④ 具有风险性。

【出处】《房地产经纪专业基础》（第四版）P175

2. （多选题）房地产投机区别于房地产投资的特征主要有（ ）。
   A. 利用别人资金投入　　　　　B. 看重短时间介入
   C. 缺乏理性的分析与评估　　　D. 寻求回报
   E. 具有风险性

【答案】BC

【解析】投机较看重短时间的介入，关注房价的短期走势，通常不以理性的分析和评估为依据，背后隐含着不正常的风险和收益。

【出处】《房地产经纪专业基础》（第四版）P175

3. （多选题）下列房地产投资类型中，属于间接投资形式的有（ ）。
   A. 房地产开发投资　　　　　　B. 购买房地产用于出租
   C. 购买房地产开发企业股票　　D. 购买房地产投资信托基金
   E. 租赁房地产后转租

【答案】CD

【解析】房地产间接投资是投资者将资金用于购买房地产相关有价证券等的行为，比如购买有关房地产的股票、基金、债券、信托产品等。

【出处】《房地产经纪专业基础》（第四版）P175

核心知识点 2：房地产投资的一般步骤

房地产投资一般分为下列 4 大步骤：

寻找投资机会 ➡ 评价投资方案 ➡ 选定投资方案 ➡ 实施投资方案

寻找投资机会：是投资者发现投资可能性的过程；

评价投资方案：初步筛选出的各种意向投资项目或投资方案、投资对象进行经济评价，其内容主要包括市场前景、盈利能力、抗风险能力等评价；

选定投资方案：也称为投资决策，是在投资项目经济评价的基础上，综合分析比较各种投资项目或投资方案的优劣，根据投资者的投资目标，对投资项目作出决策性的结论；

实施投资方案：是将已选定的投资项目或投资方案付诸实施的过程。

1. （单选题）房地产投资各个步骤的先后顺序是（　　）。
   A. 选择投资方案、寻找投资机会、实施投资方案、评价投资机会
   B. 选择投资方案、寻找投资机会、评价投资机会、实施投资方案
   C. 寻找投资机会、选择投资方案、评价投资机会、实施投资方案
   D. 寻找投资机会、评价投资方案、选择投资方案、实施投资方案

【答案】D

【解析】房地产投资的一般分为下列4大步骤为（1）寻找投资机会；（2）评价投资方案；（3）选定投资方案；（4）实施投资方案。

【出处】《房地产经纪专业基础》（第四版）P178

2. （单选题）对市场前景、盈利能力、抗风险能力做评价属于在房地产市场投资中的（　　）阶段。
   A. 寻找投资机会　　　　　　B. 评定投资方案
   C. 选定投资方案　　　　　　D. 实施投资方案

【答案】B

【解析】评定投资方案是对初步筛选出的各种意向投资项目或投资方案、投资对象进行经济评价，其内容主要包括市场前景、盈利能力、抗风险能力等评价，并筛选出能达到投资者要求的投资项目。

【出处】《房地产经纪专业基础》（第四版）P179

核心知识点3：资金的时间价值的含义

资金的时间价值也称为货币的时间价值，是现在的资金比将来的等量资金具有更大的价值，通俗地说就是现在的钱比将来的钱值钱。从经济理论上讲，资金存在时间价值的原因主要有下列几个：

1. 机会成本：机会成本是指在互斥的选择中，选择其中一个而非另一个时所放弃的收益。
2. 通货膨胀：现代市场经济一般存在通货膨胀，通货膨胀会降低未来资金相对于现在资金的购买力。
3. 承担风险：收到资金的不确定性通常随着收款日期的推远而增加。
4. 资金价值：将资金投入生产或流通领域，经过一段时间后可以获得一定的收益或利润。

1. （多选题）关于资金时间价值的说法，正确的有（　　）。

A. 今天1元钱等于明天1元钱的价值
B. 今天1元钱大于明天1元钱的价值
C. 今天1元钱小于明天1元钱的价值
D. 资金周转越快，等额资金时间价值越大
E. 资金周转越慢，等额资金时间价值越大

【答案】BD

【解析】资金的时间价值也称为货币的时间价值，是指现在的资金比将来的等量资金具有更大的价值，通俗地说就是现在的钱比将来的钱值钱。

【出处】《房地产经纪专业基础》（第四版）P179

2.（单选题）现有三个投资方案的投资情况相同，其获利情况如下表所示（单位：万元）。对其进行优劣比较，结论正确的是（　　）。

年份	1	2	3
方案甲	350	250	200
方案乙	250	250	300
方案丙	250	300	250

A. 方案甲优于方案乙，方案乙优于方案丙
B. 方案乙优于方案甲，方案甲优于方案丙
C. 方案甲优于方案丙，方案丙优于方案乙
D. 方案乙优于方案甲，方案丙优于方案乙

【答案】C

【解析】按照资金的时间价值来讲，现在的钱比将来的钱值钱，即总量一样，越先拿到手的收益价值越大。即方案甲优于方案丙优于方案乙。

【出处】《房地产经纪专业基础》（第四版）P179

核心知识点4：单利和复利

资金的时间价值是等量资金在两个不同时点的价值之差，用绝对量来反映为利息，用相对量来反映为利息率。计算利息的方式有单利和复利两种：

1. 单利：是每期均按照原始本金计算利息，即只有原始本金计算利息。

单利的总利息计算公式为：
$$I = P \times i \times n$$

单利的本利和计算公式为：
$$F = P(1 + i \times n)$$

2. 复利：是以上一期的利息加上本金为基数计算当期利息的方法。在复利的情况下，不仅原始本金要计算利息，而且以前的利息都要计算利息，即所谓的"利滚利"。

复利的本利和计算公式为：
$$F = P(1+i)^n$$

复利的总利息计算公式为：
$$I = P[(1+i)^n - 1]$$

3. 单利和复利的换算：在本金相等、计息周期相同时，如果利率相同，则通常情况下，单利计息的利息少，复利计算的利息多；如果要使单利利息与复利利息的计息相同，则两者的利率应不同，其中单利的利率应该高些，复利的利率应低些。

1. （单选题）王某在银行存入1000元，若年利率为5%，按复利计息，则10年后这笔钱的累计总额为（　　）元。

  A. 1450.00   B. 1500.00
  C. 1551.33   D. 1628.89

【答案】D

【解析】复利的本利和，即累计金额的计算公式为：$F = P(1+i)^n$。即总金额 F = 原始本金 $P(1+\text{利率}\,i)^{\text{计息周期数}\,n}$ = $1000(1+5\%)^{10}$ = 1628.89元。

【出处】《房地产经纪专业基础》（第四版）P182

2. （单选题）年利率为6%，存款额为1000元，存款期限为1年，如果按照半年3%的利率计息2次，本利为（　　）元。

  A. 1060   B. 1061.36
  C. 1060.9   D. 1061.68

【答案】C

【解析】复利的本利和计算公式为：$F = P(1+i)^n$，$1000 \times (1+3\%)^2 = 1060.90$（元）。

【出处】《房地产经纪专业基础》（第四版）P182

核心知识点5：名义利率和实际利率

假设利率的时间单位与计息周期一致。当利率的时间单位与计息周期不一致时，如利率的时间单位为年，而计息周期为半年、季、月、周或天，就产生名义利率和实际利率的问题。

在名义利率计息下的一年末本利和为：
$$F = P(1 + r/m)^m$$

假设实际年利率为 i，则在实际利率计息下的一年末本利和为：
$$F = P(1+i)$$

名义利率与实际利率的关系为：
$$i = (1 + r/m)^m - 1$$

1. （单选题）年利率为5%，按月计息，其实际利率是（　　）。

  A. 5%   B. 5.06%
  C. 5.09%   D. 5.12%

【答案】D

【解析】名义利率与实际利率的关系满足实际利率 $i=(1+r/m)^m-1$。其中 r 为名义年利率5%，m 为计息周期，按月计息时 $m=12$。即实际利率 $i=(1+5\%/12)^{12}-1\approx0.0512$。

【出处】《房地产经纪专业基础》（第四版）P183

核心知识点6：房地产投资项目现金流量测算

现金流量是指一个项目在某一特定时期内收入或支出的资金数额。从房地产投资项目经济评价的角度看，现金流量是指由于房地产投资项目实施而引起的资金收支的改变量。

现金流量分为现金流入量、现金流出量和净现金流量。资金的收入称为现金流入，相应的数额称为现金流入量，具体是指由于投资项目实施而引起的资金收入的增加或资金支出的减少。

净现金流量是指某一时点的正现金流量与负现金流量的代数和，即：

$$净现金流量=现金流入量-现金流出量$$

1.（单选题）某企业2012年全年应收租金收入10万元，实收租金9.5万元，运营费用3万元，应缴税费1.8万元。其现金流入量是（　　）万元。

A. 1.8　　　　　　　　　　B. 3
C. 9.5　　　　　　　　　　D. 10

【答案】C

【解析】资金的收入称为现金流入，则现金流入量为实收租金9.5万元。

【出处】《房地产经纪专业基础》（第四版）P187

2.（单选题）某企业2016年全年应收租金收入10万元，实收租金9.5万元，运营费用3万元，缴纳税费1.5万元。其净现金流量是（　　）万元。

A. 5　　　　　　　　　　　B. 5.5
C. 9　　　　　　　　　　　D. 9.5

【答案】A

【解析】净现金流量=现金流入量-现金流出量=9.5-（3+1.5）=5万元。

【出处】《房地产经纪专业基础》（第四版）P187

核心知识点7：房地产投资项目经济评价指标和方法

房地产投资项目经济评价指标较多，可分为静态评价指标和动态评价指标两类：

1. 静态评价主要指标和方法

评价投资项目盈利能力的静态指标：

（1）租金回报率：指房地产的租金与价格的比率。

（2）投资收益率：指投资项目正常年份的收益总额或年平均收益总额与投资总额的比率。

（3）资本金收益率：是投资项目正常年份的收益总额或年平均收益总额与资本金的比率。

（4）静态投资回收期：可以理解为一个项目投入的资金，多长时间可以回本。

2. 动态评价主要指标

（1）财务净现值：简称净现值，是按设定的折现率计算的投资项目计算期内各期净现金流量的现值之和。

（2）财务内部收益率：简称内部收益率，是投资项目在计算期内各期净现金流量的现值之和等于零时的折现率，也就是使投资项目的财务净现值等于零时的折现率。

财务净现值法与财务内部收益率法的区别主要有下列2点。

（1）财务净现值是一个数额，财务内部收益率是一个比率。断言一个房地产投资项目的财务内部收益率是20%，比指出其财务净现值是1200万元可能得到更多的信息，更有意义。

（2）财务净现值法需要预先设定一个折现率，而这个折现率在事先通常是很难确定的；财务内部收益率法则不需要预先设定一个折现率。

（3）动态投资回收期：是考虑了资金的时间价值后收回初始投资所需要的时间，具体是把投资项目各期（通常为各年）的净现金流量按设定的折现率折成现值之后，再来推算投资回收期，也就是累计净现值等于零时的年份。

1. （多选题）财务内部收益率法与财务净现值法的联系与区别包括（　　）。

　　A. 财务净现值法不需要预先设定一个折现率，财务内部收益率法需要预先设定一个折现率
　　B. 财务净现值是一个数额，财务内部收益率是一个比率
　　C. 财务净现值是静态评价指标，财务内部收益率是动态评价指标
　　D. 财务净现值与财务内部收益率的评价标准均为大于等于0
　　E. 财务净现值与内部收益率均考虑了资金的时间价值

【答案】BE

【解析】财务净现值是一个数额，财务内部收益率是一个比率，B正确。财务净现值需要预先设定一个折现率，A错误，两者均是动态评价指标，所以均考虑了资金的时间价值，C错误、E正确，财务内部收益率评价标准为大于等于设定折现率，D错误。

【出处】《房地产经纪专业基础》（第四版）P193

2. （单选题）计算财务净现值时设定的折现率，通常为投资者可接受的最低收益率，一般应取（　　）。

　　A. 行业基准收益率　　　　　　B. 国债利率
　　C. 银行存款利率　　　　　　　D. 银行贷款利率

【答案】A

【解析】设定的折现率通常取同类投资的平均收益率或行业的基准收益率。

【出处】《房地产经纪专业基础》（第四版）P192

核心知识点8：房地产投资的主要风险及应对

1. 房地产投资可能遇到的风险

比较风险、政策风险、市场周期风险、市场波动风险、市场利率风险、通货膨胀风险、收益现金流风险、时间风险、持有期风险、流动性风险、或然损失风险和政治风险。

2. 房地产投资风险的应对原则

针对性原则、可行性原则、连续性原则。

3. 房地产投资风险的应对方法

（1）风险回避：属于较为彻底的风险管理措施，若分析后发现风险发生可能性较大，且无更好的处理办法，可以主动放弃该项目；

（2）风险组合：明显的例子如："不把所有鸡蛋放在同一个篮子里"；

（3）风险控制：在房地产投资风险发生之前采取某些措施消除或减少风险因素，降低风险发生概率，风险发生之后减小风险损失。

（4）风险转移：以某种方式将风险损失转给他人承担。

（5）风险自留：预留一定数量的损失补偿资金，当损失发生时，利用该资金来弥补损失。

1. （单选题）在房地产投资中，将规避风险的代价与该风险可能造成的损失进行权衡，争取以最少的费用获取最大的风险报酬，这体现了房地产投资风险应对的（　　）原则。

A. 可行性　　　　　　　　　　B. 针对性
C. 连续性　　　　　　　　　　D. 节约性

【答案】A

【解析】对房地产投资风险的应对要立足于现实，应建立在对房地产市场深入调研的基础上，采取的投资风险应对措施应是法律上允许、技术上可能、经济上可行的。体现了房地产投资风险应对的可行性原则。

【出处】《房地产经纪专业基础》（第四版）P199

2. （单选题）在房地产投资风险发生前通过市场调研来降低风险发生概率。这种风险应对方法为（　　）。

A. 风险控制　　　　　　　　　B. 风险组合
C. 风险回避　　　　　　　　　D. 风险转移

【答案】A

【解析】风险控制是在房地产投资风险发生之前采取某些措施消除或减少风险因素，降低风险发生概率，风险发生之后减小风险损失。例如，在房地产投资前进行充分的市场调研，深入了解投资对象，做到既积极又稳妥、理性投资。

【出处】《房地产经纪专业基础》（第四版）P200

3. （单选题）购房投资者通过折价方式将其房屋转换为现金而导致资金损失的风险，属于（　　）。

A. 市场供求风险　　　　　　　B. 流动性风险
C. 购买力风险　　　　　　　　D. 资本价值风险

【答案】B

【解析】流动性风险也称为变现风险，是当急于将房地产卖出而转换为现金时，因面临变现困难不得不折价而给投资者带来损失。

【出处】《房地产经纪专业基础》(第四版) P198

4.（单选题）房地产市场供求关系发生变化给投资者带来的风险,属于（   ）。

　　A. 市场波动风险　　　　　　　B. 变现风险
　　C. 购买力风险　　　　　　　　D. 资本价值风险

【答案】A

【解析】房地产市场供求关系处于不断变化中,而供求关系的变化会导致房地产价格波动,特别是出现供大于求时导致价格下跌,从而使房地产投资的实际收益偏离预期收益,这属于市场波动风险。

【出处】《房地产经纪专业基础》(第四版) P197

【真题实测】

一、单选题（每个备选答案中只有一个最符合题意）

1. 房地产投资结束所收回的资金购买力下降,表明此房地产投资面临的风险是（   ）。

　　A. 政策风险　　　　　　　　　B. 通货膨胀风险
　　C. 市场周期风险　　　　　　　D. 比较风险

2. 假设名义年利率为 r,计息周期分别为年、月、日时的实际年利率为 r年、r月、r天,其大小关系为（   ）。

　　A. r＞r年＞r月＞r天　　　　　B. r＜r年＜r月＜r天
　　C. r＝r年＞r月＞r天　　　　　D. r＝r年＜r月＜r天

3. 下列情形中,可以判断房地产投资项目可行的是（   ）。

　　A. 现金流入量＞0　　　　　　　B. 财务净现值≥0
　　C. 财务内部收益率≤贷款利率　　D. 财务内部收益率＞0

二、多选题（每个备选答案中有两个或两个以上符合题意）

4. 下列房地产投资项目盈利性评价指标中,属于动态评价指标的有（   ）。

　　A. 资本金收益率　　　　　　　B. 财务内部收益率
　　C. 财务净现值　　　　　　　　D. 投资收益率
　　E. 租金回报率

【真题实测答案】

1.【答案】B

【解析】通货膨胀风险也称为购买力风险,是指与初始投入的资金相比,投资结束时所收回资金的购买力下降给投资者带来损失。

【出处】《房地产经纪专业基础》(第四版) P198

2.【答案】D

【解析】名义年利率为 r,一年中计息 m 次,则实际年利率 i 满足 $i=(1+r/m)^m-1$。即 r年＝$(1+r/1)^1=r$。r月＝$(1+r/12)^{12}-1$。r日＝$(1+r/365)^{365}-1$。可

得 r＝r年＜r月＜r日。

【出处】《房地产经纪专业基础》（第四版）P183

3.【答案】B

【解析】财务净现值≥0说明项目的盈利能力达到或超过了按设定的折现率计算的盈利水平，项目在经济上是可以接受的。

【出处】《房地产经纪专业基础》（第四版）P192

4.【答案】BC

【解析】评价投资项目盈利能力的动态指标主要有财务净现值、财务内部收益率、动态投资回收期。

【出处】《房地产经纪专业基础》（第四版）P192

【章节小测】

一、单选题（每个备选答案中只有一个最符合题意）

1. 李某在银行存入1 000元，若年利率为5%，按复利计息，则10年后这笔钱的累计总额为（　　）元。
   A．1 628.89　　　　　　　　B．1 551.33
   C．1 500　　　　　　　　　 D．1 450

2. 投资项目正常年份的收益总额或平均收益总额与投资总额的比率为（　　）。
   A．租金回报率　　　　　　　B．投资收益率
   C．资本金收益率　　　　　　D．资本金利润率

3. 李某以自有资金300万元、贷款100万元购买了一商铺用于自营，经营期内年利润为60万元，则该项目的资本金收益率为（　　）。
   A．15%　　　　　　　　　　B．20%
   C．30%　　　　　　　　　　D．60%

4. 下列风险中，属于通货膨胀风险的是（　　）。
   A．银行存款利率提高　　　　B．房地产市场上供给量明显下降
   C．人民币购买力下降　　　　D．房地产市场周期进入低谷期

5. 房地产开发企业采取合作方式以应对房地产投资风险的方法是（　　）
   A．风险转移　　　　　　　　B．风险组合
   C．风险控制　　　　　　　　D．风险回避

二、多选题（每个备选答案中有两个或两个以上符合题意）

6. 投资选择的多样性表现在（　　）。
   A．投资对象的多样性　　　　B．投资形式的多样性
   C．投资收益的多样性　　　　D．投资变现的多样性
   E．经营方式的多样性

7. 房地产直接投资的类型主要有（　　）。
   A．购买现房后出租　　　　　B．购买现房自住一段时间后出售
   C．购买房地产信托基金　　　D．购买房地产股票
   E．购买土地进行开发后出售

8. 下列房地产投资项目经济评价指标中，属于静态指标的有（　　）
   A. 投资收益率　　　　　　　　B. 财务净现值
   C. 租金回报率　　　　　　　　D. 财务内部收益率
   E. 资本金收益率
9. 王某欲投资房地产，但又不想参与相关管理工作，其可选择的投资形式有（　　）。
   A. 从事房地产开发　　　　　　B. 购买房地产有价证券
   C. 购买房地产后经营　　　　　D. 购买房地产投资信托基金
   E. 购买房地产后出租
10. 资金存在时间价值的原因不包括（　　）。
   A. 资金增值　　　　　　　　　B. 经济增长
   C. 生产力水平提高　　　　　　D. 承担风险
   E. 通货膨胀

【章节小测答案】

1．【答案】A
【解析】复利的本利和也就是最后的总金额 $F=P(1+i)^n$，其中 P 为原始本金，i 为利率，n 为计息周期数，即 $F=1000\times(1+5\%)^{10}=1628.89$ 元。
【出处】《房地产经纪专业基础》（第四版）P182

2．【答案】B
【解析】投资项目正常年份的收益总和或年平均收益总额与投资总额的比率为投资收益率。
【出处】《房地产经纪专业基础》（第四版）P190

3．【答案】B
【解析】资本金收益率＝年平均收益总额/资本金×100%，收益总额细分后有税前税后的区别，按题干描述资本金收益率＝60/300×100%＝20%。
【出处】《房地产经纪专业基础》（第四版）P190

4．【答案】C
【解析】通货膨胀风险也称为购买力风险，是指与初始投入的资金相比，投资结束时所收回资金的购买力下降给投资者带来损失。
【出处】《房地产经纪专业基础》（第四版）P198

5．【答案】A
【解析】风险转移是房地产投资者以某种方式将风险损失转给他人承担。
【出处】《房地产经纪专业基础》（第四版）P200

6．【答案】ABE
【解析】投资选择的多样性主要表现在下列3个方面：投资对象的多样性；投资形式的多样性；经营方式的多样性。
【出处】《房地产经纪专业基础》（第四版）P178

7．【答案】ABE
【解析】房地产直接投资是投资者将资金用于购买住宅、商铺、办公用房等新建商品房、存量房等房地产实物或从事房地产开发经营的行为。ABE 都是直接购买房地产实物进行置业投资。CD 两项为间接投资。

【出处】《房地产经纪专业基础》（第四版）P175

8.【答案】AE

【解析】房地产投资项目经济评价指标中，财务净现值、财务内部收益率、动态投资回收期为动态盈利性指标。投资收益率、租金回报率、资本金收益率为静态盈利性指标。

【出处】《房地产经纪专业基础》（第四版）P189

9.【答案】BD

【解析】房地产投资分为房地产直接投资和房地产间接投资。房地产直接投资是投资者将资金用于购买住宅、商铺、办公用房等新建商品房、存量房等房地产实物或从事房地产开发经营的行为。

【出处】《房地产经纪专业基础》（第四版）P175

10.【答案】BC

【解析】资金存在时间价值的原因主要有：（1）机会成本；（2）通货膨胀；（3）承担风险；（4）资金增值。

【出处】《房地产经纪专业基础》（第四版）P180

第七章　房地产金融和贷款

【章节导引】

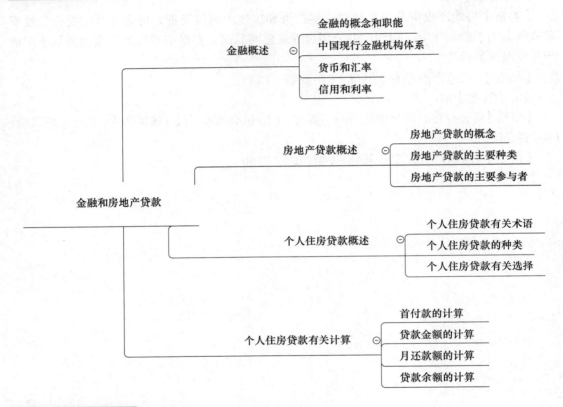

【章节核心知识点】

核心知识点1：房地产金融的概念和职能

房地产金融是为房地产开发、买卖、租赁等筹资、融资的经济活动。其中的住房金融是房地产金融的重要组成部分，是围绕住房建设、流通和消费过程所进行的货币流通和信用活动以及有关经济活动的总称，其目标主要是扩大住房供给和住房消费。

房地产金融的职能主要有筹集资金、融通资金和结算服务。

1. （单选题）房地产金融的职能不包括（　　）。
   A. 筹集资金　　　　　　　　B. 融通资金
   C. 结算服务　　　　　　　　D. 宏观调控

【答案】D

【解析】房地产金融的职能主要有筹集资金、融通资金和结算服务。

【出处】《房地产经纪专业基础》(第四版) P202

2.（多选题）房地产开发企业通过房地产开发贷款完成了项目的开发建设，这体现了房地产金融的（　　）职能。

　　A. 筹集资金　　　　　　　　B. 结算服务
　　C. 融通资金　　　　　　　　D. 投资
　　E. 宏观调控

【答案】AC

【解析】房地产开发等活动都涉及大量资金，需要金融发挥筹集资金的职能，运用各种金融工具，把社会上的闲散资金归集起来，并发挥融通资金的职能，通过办理房地产开发贷款等业务，支持房地产开发等房地产经济活动。

【出处】《房地产经纪专业基础》(第四版) P202

核心知识点2：我国现行金融机构体系

现代国家的金融机构体系，一般由中央银行、商业银行、政策性银行和各类非银行金融机构组成。我国目前由中国人民银行、中国银行保险监督管理委员会（简称中国银保监会）、中国证券监督管理委员会（简称中国证监会）、国家外汇管理局等作为金融调控及监管机构，对金融业和金融市场进行宏观调控和监督管理，其中的中国人民银行是我国的中央银行，简称央行。

金融机构分为银行业金融机构（简称银行）和非银行金融机构。在金融机构中，商业银行处于主体地位，它们以营利为目的，直接面向单位和个人办理存款、贷款、结算、汇兑等金融业务。

此外，还有住房公积金管理中心，是直属城市人民政府的不以营利为目的的独立的事业单位，负责住房公积金的管理运作，履行审批住房公积金的提取、使用等职责。

1.（单选题）我国的金融机构体系中，居于主体地位的金融机构是（　　）。

　　A. 非银行业金融机构　　　　B. 中央银行
　　C. 政策性银行　　　　　　　D. 商业银行

【答案】D

【解析】在金融机构中，商业银行处于主体地位，它们以营利为目的，直接面向单位和个人办理存款、贷款、结算、汇兑等金融业务。

【出处】《房地产经纪专业基础》(第四版) P203

2.（多选题）下列金融机构中，属于非银行金融机构的有（　　）。

　　A. 信托投资公司　　　　　　B. 财务公司
　　C. 金融租赁公司　　　　　　D. 商业银行
　　E. 政策性银行

【答案】ABC

【解析】非银行金融机构是指经营金融业务但通常不冠以银行名称的金融机构,如信托公司、保险公司、证券公司、基金管理公司、期货公司、金融租赁公司、金融资产管理公司、财务公司、信用担保公司、小额贷款公司、消费金融公司、典当行、互联网金融从业机构等。

【出处】《房地产经纪专业基础》(第四版) P203

核心知识点3:信用

1. 信用的概念

在金融等经济活动中,信用是指借贷行为,具体地说,是货币或商品的所有者把货币或商品按照约定的期限暂时让渡给其需要者,到期由需要者返还本金并支付利息(简称还本付息)的行为。

2. 信用的本质

(1)信用是以偿还为条件的借贷行为。偿还包括返还本金和支付利息。

(2)信用是价值单方面的让渡。当货币或商品从其所有者转移到其需要者时,为两者关系的开始;只有未来全部本息偿还之后,两者关系才结束。

(3)信用关系是债权债务关系。其中,让出货币或商品的一方为授信者,也称为贷款人,处于债权人地位;接受货币或商品的一方为受信者,也称为借款人,处于债务人地位。

3. 信用的特征

期限性、偿还性、收益性、风险性。

4. 信用工具

(1)直接信用工具:指最后贷款人与最后借款人之间直接进行融资活动所使用的金融工具,如企业直接发行的股票和债券,企业之间的商业票据等。

(2)间接信用工具:指由金融机构在最后贷款人与最后借款人之间充当媒介的融资活动中发行的金融工具,如钞票、存单、银行票据等。

1.(单选题)(2020真题)下列信用工具中,属于直接信用工具的是(   )。

A. 存单　　　　　　　　　　B. 股票
C. 钞票　　　　　　　　　　D. 银行票据

【答案】B

【解析】直接信用工具是指最后贷款人与最后借款人之间直接进行融资活动所使用的金融工具,如企业直接发行的股票和债券,企业之间的商业票据等。

【出处】《房地产经纪专业基础》(第四版) P206

核心知识点4:利率的分类和影响因素

1. 利率的分类

(1)市场利率和官定利率

①市场利率是在金融市场上资金供求双方自由竞争所形成的利率,它是借贷资金供

求的指示器。自 2019 年 10 月 8 日起，新发放商业性个人住房贷款利率以最近一个月相应期限的贷款市场报价利率（LPR）为定价基准加点形成。加点数值应符合全国和当地住房信贷政策要求，合同期限内固定不变。

② 官定利率是政府金融管理部门或中央银行制定的利率。中国人民银行制定的各种利率是官定利率。

（2）基准利率和公定利率

① 基准利率。我国基准利率是由中国人民银行规定的。2019 年 10 月 8 日前，个人住房贷款利率定价是采取基准利率上下浮动的方式。

② 公定利率。是由非政府部门的金融行业自律性组织所确定的利率，利率水平一般介于市场利率与官定利率之间。

（3）差别利率、一般利率和优惠利率

① 差别利率是指针对不同的贷款种类和借款对象实行的不同利率。我国商业银行的个人住房贷款利率就是实行差别利率。

② 一般利率是金融机构按一般标准发放贷款或吸收存款所执行的利率。

③ 优惠利率是低于一般标准的贷款利率和高于一般标准的存款利率，带有扶持和照顾的性质。

（4）固定利率和浮动利率

① 固定利率最大的特点是易于计算利息，便于贷款人事先掌握借款成本。

② 浮动利率是在贷款期限内随市场利率的变化而随时调整的利率，现实中的个人购房贷款利率一般为浮动利率。

2. 影响利率高低的主要因素

（1）资金供求状况。当借贷市场上资金的供给大于需求时，利率会下降；反之，资金的供给小于需求时，利率会上升。

（2）国家宏观经济政策。当经济过热、物价上涨过快时，国家会实行紧缩的货币政策，提高利率，比如上调有关利率；相反，会降低利率，比如下调有关利率。

（3）预期通货膨胀率。当预期通货膨胀率上升时，贷款人会提高贷款利率；反之，一般会相应下调贷款利率。

此外，借贷期限的长短、借贷风险的大小也影响利率的高低。一般来说，借贷期限越长，利率越高；借贷风险越大，利率越高。

1. （单选题）金融市场中，被称为借贷资金供求指示器的利率是（　　）。

　　A. 法定利率　　　　　　　　　B. 公定利率
　　C. 市场利率　　　　　　　　　D. 固定利率

【答案】C

【解析】市场利率是在金融市场上资金供求双方自由竞争所形成的利率，是借贷资金供求的指示器。

【出处】《房地产经纪专业基础》（第四版）P206

2. （单选题）金融市场中，政府金融管理部门或中央银行制定的利率是（　　）。

　　A. 市场利率　　　　　　　　　B. 公定利率

C. 官定利率　　　　　　　　　　D. 浮动利率

【答案】C

【解析】官定利率也称为官方利率，是政府金融管理部门或中央银行制定的利率。

【出处】《房地产经纪专业基础》（第四版）P206

核心知识点5：房地产贷款的主要种类

1. 按贷款对象及用途分类
（1）个人房地产贷款：个人住房贷款、个人商业用房贷款、个人住房租赁贷款。
（2）对公类房地产贷款：房地产开发贷款、商用物业抵押贷款。
2. 按贷款担保条件或保证方式分类
（1）信用贷款：指向借款人发放的无需提供担保的贷款。
（2）担保贷款：指以特定的财产或某人的信用作为还款保证的贷款。包括抵押贷款、质押贷款和保证贷款。
3. 按贷款利率是否调整分类
（1）固定利率贷款：整个贷款期限内的贷款利率都不受市场利率变化的影响。贷款人为了降低利率上升的风险，通常会将贷款利率设定在一个较高的水平上。而对借款人来说，选择这种贷款方式可以确定未来的还款额，有利于做好还款计划，但要承担比目前的利率高的贷款利率。
（2）浮动利率贷款：虽然可以避免利率风险，但借款人难以准确预测未来的还款额，在未来利率上升过快过大时甚至有可能导致还不起款。
4. 按贷款期限长短分类
（1）短期贷款：1年以下（含1年）的贷款。
（2）中期贷款：1年以上（不含1年）、5年以下（含5年）的贷款。
（3）长期贷款：5年以上（不含5年）的贷款。
贷款期限不同，贷款利率一般不同。通常情况下，贷款期限越长，贷款利率越高。但短期贷款主要用于满足借款人对短期资金的急需，贷款利率通常较高。

1.（单选题）贷款人向借款人发放的用于购买、建造和大修住房的贷款称为（　　）。
　　A. 个人住房贷款　　　　　　　B. 房地产开发贷款
　　C. 商业用房贷款　　　　　　　D. 土地储备贷款

【答案】A

【解析】个人住房贷款是指贷款人向借款人发放的用于购买、建造和大修住房的贷款。

【出处】《房地产经纪专业基础》（第四版）P209

2.（单选题）下列贷款类型中，不属于担保贷款的是（　　）。
　　A. 信用贷款　　　　　　　　　B. 抵押贷款
　　C. 质押贷款　　　　　　　　　D. 保证贷款

【答案】A

【解析】按贷款担保条件或保证方式可分为信用贷款和担保贷款，担保贷款包括抵押贷款、质押贷款和保证贷款。

【出处】《房地产经纪专业基础》(第四版) P209

3. (单选题) 张某购买了一套住房,申请了期限为10年的贷款,这种贷款属于(　　)。

A. 短期贷款　　　　　　　　　B. 中期贷款
C. 中长期贷款　　　　　　　　D. 长期贷款

【答案】D

【解析】长期贷款是指贷款期限在5年以上(不含5年)的贷款。

【出处】《房地产经纪专业基础》(第四版) P211

核心知识点6：房地产贷款的主要参与者

1. 贷款当事人：即借款人和贷款人,是房地产贷款的最主要参与者。对于个人购房贷款来说,借款人主要是购买住房的个人,贷款人主要是商业银行和住房公积金管理中心。

2. 有关专业服务机构：包括房地产经纪机构、房地产估价机构、律师事务所、贷款日常维护服务机构。

3. 担保机构和保险机构。

1. (多选题) 在房地产贷款中,房地产经纪机构可为房地产贷款当事人提供(　　)等服务。

A. 评估抵押房地产价值　　　　B. 代办房地产贷款
C. 代办房地产抵押登记　　　　D. 提供房地产贷款担保
E. 受托签订借款合同

【答案】BC

【解析】房地产经纪机构：可为房地产交易者提供房地产信贷政策咨询服务,帮助借款人测算所需贷款金额、选择贷款机构(如贷款银行)、代办房地产贷款手续,为商业银行等金融机构介绍贷款客户,为相关当事人提供不动产抵押权注销登记、抵押登记代办服务等。

【出处】《房地产经纪专业基础》(第四版) P211

核心知识点7：个人住房贷款的相关术语

个人住房贷款的相关术语较多,在这里列出考试频率较高的几个名词：

1. 首付款比例：是首付款占所购住房总价的百分比。

2. 贷款额度：也称为贷款限额。贷款人通常用一些指标对借款人的贷款金额作出限制性规定,例如：① 贷款金额不得超过某一最高金额；② 贷款金额不得超过按照最高贷款成数计算出的金额；③ 贷款金额不得超过按最高偿还比率计算出的金额。当借款人的申请金额不超过以上所有限额的,以申请金额作为贷款金额；当申请金额超过以上任一最高限额的,以其中的限额最小者作为贷款金额。

3. 贷款利率：是借款合同约定的贷款利率。因实行差别化住房信贷政策,不同购房人的贷款利率可能不同。

4. 贷款期限：是借款人应还清全部贷款本息的期限。通常有最长贷款期限的规定，如个人住房贷款期限最长为30年。此外，贷款人还可能根据所购住房的房龄、借款人的年龄等，对贷款期限作出限制。例如，"房龄＋贷款期限"不超过50年，即房龄越长，贷款期限会越短；"借款人年龄＋贷款期限"不超过65年，即借款人年龄越大，贷款期限会越短。因此，具体的贷款期限是在上述几种贷款期限中"取短不取长"所确定的贷款期限内，由贷款人和借款人根据实际情况商定。

5. 还款方式：等额本息还款、等额本金还款等多种方式。

等额本息是每期还款额都相同的还款方式，如果利率发生变化，这种还款方式在贷款利率没有调整的时间段内，每期的还款额是相同的，贷款利率调整后，按新的贷款利率计算的新的每期还款额是相同的。

等额本金是每期偿还的本金都相同的还款方式，由于剩余本金越来越少，相应的利息也就越来越少，因此这种还款方式的每期还款额是递减的。

6. 贷款价值比：也称为贷款与价值比率、抵押率、贷款成数，是贷款金额占抵押房地产价值的比率。通常有最高贷款价值比的规定，如贷款金额最高不得超过抵押房地产价值的80%。

7. 偿还比率：也称为还贷收入比，是借款人的分期还款额占其同期收入的比率。中国银保监会要求将借款人住房贷款的月房产支出与收入比控制在50%以下（含50%），月所有债务支出与收入比控制在55%以下（含55%）。

8. 提前还款：贷款人通常在借款合同中对提前还款作出特殊规定，例如：① 要求借款人在一定期限内不能提前还款，否则产生违约金；② 要求借款人提前10日或30日提出提前还款书面申请；③ 部分提前还款的金额必须是1万元的整数倍或不小于3个月的还款额；④ 整个还款期内提前还款次数不得超过3次；⑤ 按照一定比例或数额收取手续费或罚金。

1. （单选题）目前，个人住房贷款中，贷款期限最长为（　　）年。
　　A. 10　　　　　　　　　　　　B. 20
　　C. 30　　　　　　　　　　　　D. 50

【答案】C

【解析】个人住房贷款期限最长为30年。

【出处】《房地产经纪专业基础》（第四版）P213

2. （单选题）中国银保监会要求借款人住房贷款的月房产支出与收入比不高于（　　）。
　　A. 40%　　　　　　　　　　　B. 50%
　　C. 55%　　　　　　　　　　　D. 60%

【答案】B

【解析】中国银保监会要求将借款人住房贷款的月房产支出与收入比控制在50%以下（含50%）。

【出处】《房地产经纪专业基础》（第四版）P215

核心知识点 8：个人住房贷款的种类

1. 按个人住房贷款的用途分类：个人购房贷款、个人自建住房贷款和个人大修住房贷款。其中，个人购房贷款是最主要、最常见的。
2. 按个人购房贷款所购买的住房类型分类：购买新建住房贷款和购买存量住房贷款。
3. 按个人住房贷款的资金来源或贷款方式分类：住房公积金贷款、商业性贷款和组合贷款。公积金贷款利率＜组合贷款利率＜商业性贷款利率。
4. 按差别化住房信贷政策分类：首套住房贷款和非首套住房贷款。首套住房贷款的最低首付款比例较低，贷款利率也较低，甚至享有贷款利率优惠。

1.（单选题）在个人住房贷款中，最主要、最常见的贷款类型为（   ）。
   A. 个人购房贷款　　　　　　　　　B. 个人自建住房贷款
   C. 个人大修住房贷款　　　　　　　D. 购买存量住房贷款
【答案】A
【解析】按个人住房贷款的用途，分为个人购房贷款、个人自建住房贷款和个人大修住房贷款。其中，个人购房贷款是最主要、最常见的。
【出处】《房地产经纪专业基础》（第四版）P216

核心知识点 9：个人住房贷款的有关选择

购房人在选择了所购的住房、准备贷款时，通常会面临一些选择：
1. 贷款金额的选择
因贷款要付利息，且贷款越多，利息越多，所以在购房人的自有资金没有较好的投资渠道或投资收益率低于贷款利率的情况下，宜选择少贷款；反之，宜选择多贷款。为减轻当前的首付款压力，可选择多贷款；而为减轻未来的月还款压力，可选择少贷款。
2. 贷款方式的选择

贷款方式	特点描述	适用情形
公积金贷款	利率低，在能满足其他条件的情况下，全部贷款金额应优选公积金贷款	公积金贷款额度一般较小，如果全部用公积金贷款，则需要支付较多的首付款，适合所购住房总价不大或自有资金较多的情况
商业性贷款	利率较高、相同贷款金额下的月还款额多、还款压力大	适用不能用公积金贷款或不能全部用公积金贷款，而组合贷款的办理时间长，卖房人又要求尽快拿到房款的情况
组合贷款	相同贷款金额下的月还款额比商业性贷款的月还款额少，但贷款办理时间通常较长	在没有足够的自有资金支付首付款，又不能全部用公积金贷款，且能满足卖房人回款要求的情况下，应优选组合贷款

3. 贷款机构的选择
各家商业银行的贷款条件、贷款利率、贷款额度、贷款期限、放款速度、贷款手续、还款方便程度、提前还款规定等可能有所不同，甚至差异较大。例如，从贷款利率考虑，不同商业银行的贷款利率可能不同，有的为 LPR，有的高于 LPR 但低于 LPR 加 60 个基点，

有的高于 LPR 加 60 个基点，购房人在同等条件下一般应选择贷款利率最低的商业银行。

4. 还款方式的选择

（1）等额本息还款方式：因每月的还款额相同，还款压力均衡，适合预期收入变化不大或目前有一定积蓄及预期收入有所增加的借款人；

（2）等额本金还款方式：因每月的还款额是递减的，适合目前收入较高或预期收入可能逐渐减少的借款人。

5. 贷款期限的选择

以等额本息还款方式为例，在贷款金额和贷款利率都相同的情况下，贷款期限越长，月还款额会越少；反之，月还款额会越多。

1.（单选题）目前有一定积蓄并且预期收入有所增加的借款人，应选择的还款方式是（ ）。

A. 等额本息贷款　　　　　　　B. 等额本金贷款
C. 双周供贷款　　　　　　　　D. 组合贷款

【答案】A

【解析】按月等额本息还款由于每月的还款额相同，还款压力均衡，较适合预期收入变化不大或目前有一定积蓄及预期收入有所增加的借款人。

【出处】《房地产经纪专业基础》（第四版）P218

【真题实测】

一、单选题（每个备选答案中只有一个最符合题意）

1. 个人住房贷款中，通常所讲的组合贷款是（ ）。

A. 购房贷款和装修贷款　　　　B. 首付款和购房贷款
C. 住房公积金贷款和商业性贷款　D. 商业银行贷款和政策性银行贷款

2. 目前房地产贷款中，最主要的贷款形式是（ ）。

A. 质押贷款　　　　　　　　　B. 保证贷款
C. 抵押贷款　　　　　　　　　D. 信用贷款

3. 张某现年 40 周岁，所购住房的房龄为 15 年，法定个人住房贷款期限最长为 30 年，如果贷款银行规定"房龄＋贷款期限"不超过 50 年，"借款人年龄＋贷款期限"不超过 65 年，则张某住房贷款的最长期限是（ ）。

A. 35　　　　　　　　　　　　B. 30
C. 25　　　　　　　　　　　　D. 20

二、多选题（每个备选答案中有两个或两个以上符合题意）

4. 信用的特征有（ ）。

A. 偿还性　　　　　　　　　　B. 收益性
C. 风险性　　　　　　　　　　D. 流动性
E. 固定性

5. 关于等额本金还款方式的说法，正确的有（ ）。

A. 各期支付的本金是均等的　　B. 各期支付的本息是均等的
C. 偿还利息逐期减少　　D. 偿还利息逐期增加
E. 还款额逐期减少

6. 关于房地产抵押贷款主体相关关系说法，正确的有（　　）。
A. 贷款人是债权人　　B. 借款人是保证人
C. 抵押人是产权人　　D. 借款人是债务人
E. 抵押权人是贷款人

【真题实测答案】

1. 【答案】C

【解析】组合贷款简称组合贷，是借款人所需的资金先尽量申请公积金贷款，不足部分申请商业性贷款，即贷款金额由公积金贷款金额和商业性贷款金额两部分组成的个人住房贷款。

【出处】《房地产经纪专业基础》（第四版）P216

2. 【答案】C

【解析】在房地产贷款中，房地产抵押贷款通常是最主要的贷款方式。

【出处】《房地产经纪专业基础》（第四版）P210

3. 【答案】C

【解析】张某的住房贷款的最长期限计算如下：

（1）法定个人住房贷款年限最长为30年；

（2）由房龄计算的最长贷款期限为50－15＝35年；

（3）由借款人年龄计算的最长贷款期限为65－40＝25年。

按照取短不取长的原则，张某个人住房贷款的最长贷款期限为25年。

【出处】《房地产经纪专业基础》（第四版）P213

4. 【答案】ABC

【解析】信用的特征有期限性、偿还性、收益性、风险性。

【出处】《房地产经纪专业基础》（第四版）P205

5. 【答案】ACE

【解析】等额本金还款方式是每期偿还的本金都相同的还款方式，由于本金逐渐减少，每期偿还的利息逐期减少，还款额也就逐期减少。

【出处】《房地产经纪专业基础》（第四版）P214

6. 【答案】ADE

【解析】房地产抵押贷款中，借款人为债务人，贷款人为债权人；债权人同时也是抵押权人。

【出处】《房地产经纪专业基础》（第四版）P210

【章节小测】

一、单选题（每个备选答案中只有一个最符合题意）

1. 关于个人住房固定利率贷款的说法，正确的是（　　）。

A. 借款人要面临未来利率上升的风险
B. 借款人无法准确预测未来的利息支出
C. 贷款利率通常固定在一个较高的水平上
D. 贷款期限内偿还贷款的方式必须固定不变

2. 关于影响利率高低因素的说法，错误的是（   ）。
   A. 当借贷资金的供给大于需求时，利率会上升
   B. 当物价上涨过快时，国家会上调基准利率
   C. 当预期通货膨胀率上升时，贷款人会要求提高贷款利率
   D. 借贷期限越长，利率越高

3. 在个人住房贷款等额本金还款中，每期还款额（   ）。
   A. 不变   B. 递减
   C. 递增   D. 酌情调整

4. 在个人住房贷款中的组合贷款，其贷款金额的组合方式是（   ）。
   A. 住房公积金贷款和商业性贷款   B. 夫妻双方的住房公积金贷款
   C. 不同金融机构的商业性贷款   D. 不同还款方式的贷款

5. 关于担保贷款的说法，正确的是（   ）。
   A. 质押贷款不属于担保贷款
   B. 房地产抵押贷款的债务人即是抵押权人
   C. 担保贷款的还款保证为特定财产或某人的信用
   D. 保证贷款是由借款人提供保证而发放的贷款

6. 房地产贷款的主要参与者还有一些专业服务机构，专业服务机构不包括（   ）。
   A. 房地产估价机构   B. 房地产经纪机构
   C. 商业银行   D. 律师事务所

7. 信用关系是建立在有偿的基础上，要求到期返还时有一定的增值，这体现了信用的（   ）。
   A. 期限性   B. 风险性
   C. 偿还性   D. 收益性

二、多选题（每个备选答案中有两个或两个以上符合题意）

8. 个人住房贷款的用途有（   ）。
   A. 购买住房   B. 缴纳住宅维修资金
   C. 自建住房   D. 交纳住房物业费
   E. 大修住房

9. 关于固定利率贷款的说法，正确的有（   ）。
   A. 固定利率贷款在整个贷款期限内，贷款利率不受市场利率变化的影响
   B. 贷款人可以避免利率风险
   C. 借款人可以准确测算未来的利息支出
   D. 贷款人通常情况下会将贷款利率固定在一个较高水平
   E. 借款人有可能要承担比当前市场利率要高的贷款利率

10. 在房地产贷款主要种类的表述中正确的有（   ）。

A. 抵押贷款主要是房地产抵押贷款
B. 中期贷款是指贷款期限在 1 年以上（不含 1 年）、5 年以下（含 5 年）的贷款
C. 提供固定利率贷款将使贷款人面临利率上升风险
D. 保证贷款的债务人不履行债务时，保证人无须履行债务承担责任
E. 商业用房贷款是指贷款人向借款人发放的用于购买、建造和大修以商业为用途的房产的贷款

【章节小测答案】

1.【答案】C

【解析】采用固定利率贷款时，整个贷款期限内的贷款利率都不受市场利率变化（包括有关利率上调或下调）的影响。当贷款人采用这种方式发放贷款时，将面临未来市场利率上升的风险。因此，贷款人为了降低利率上升的风险，通常会将贷款利率设定在一个较高的水平上。

【出处】《房地产经纪专业基础》（第四版）P210

2.【答案】A

【解析】当借贷市场上资金的供给大于需求时，利率会下降；反之，资金的供给小于需求时，利率会上升。

【出处】《房地产经纪专业基础》（第四版）P208

3.【答案】B

【解析】等额本金还款方式由于剩余本金越来越少，相应的利息也就越来越少，这种还款方式的每期还款额是递减的。

【出处】《房地产经纪专业基础》（第四版）P214

4.【答案】A

【解析】组合贷款简称组合贷，是借款人所需的资金先尽量申请公积金贷款，不足部分申请商业性贷款的贷款方式。

【出处】《房地产经纪专业基础》（第四版）P216

5.【答案】C

【解析】担保贷款是指以特定的财产或某人的信用作为还款保证的贷款。担保贷款按担保方式，又可分为抵押贷款、质押贷款和保证贷款三种。保证贷款是指由第三人提供保证发放的贷款。债务人为借款人，债权人是贷款人，同时也是抵押权人。

【出处】《房地产经纪专业基础》（第四版）P209

6.【答案】C

【解析】有关专业服务机构是为房地产贷款当事人提供相关专业服务的单位，主要有下列 4 种：① 房地产经纪机构；② 房地产估价机构；③ 律师事务所；④ 贷款日常维护服务机构。

【出处】《房地产经纪专业基础》（第四版）P211

7.【答案】D

【解析】收益性：信用关系建立在有偿的基础之上，要求到期返还时要有一定的增值或附加额。

【出处】《房地产经纪专业基础》(第四版) P205

8.【答案】ACE

【解析】个人住房贷款是指贷款人向借款人发放的用于购买、建造和大修住房的贷款。

【出处】《房地产经纪专业基础》(第四版) P209

9.【答案】ACDE

【解析】当贷款人采用固定利率贷款时，将面临未来市场利率上升的风险。

【出处】《房地产经纪专业基础》(第四版) P210

10.【答案】ABCE

【解析】保证是指保证人和债权人约定，当债务人不履行债务时，保证人按照约定履行债务或者承担责任的行为。

【出处】《房地产经纪专业基础》(第四版) P210

第八章 法律和消费者权益保护

【章节导引】

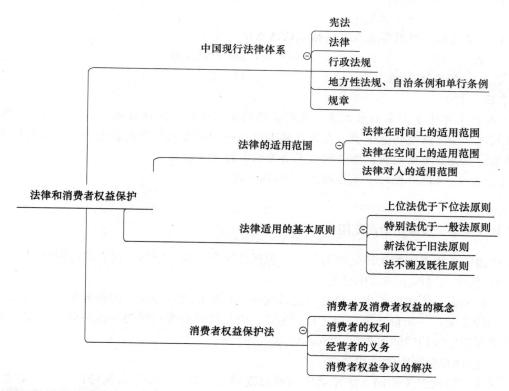

【章节核心知识点】

核心知识点 1：中国现行法律体系

中国现行法律体系包括宪法、法律、行政法规、地方性法规、自治条例、单行条例和规章。

1. 宪法：是国家的根本法，具有最高的法律地位、法律权威、法律效力，是国家各项制度和法律法规的总依据。

2. 法律（带"法"）：如无特别指出，一般所称法律是指狭义的法律，分为基本法律和其他法律。基本法律是指全国人民代表大会制定的法律，如《中华人民共和国民法典》《中华人民共和国个人所得税法》等。其他法律是指全国人民代表大会常务委员会制定的法律，如《中华人民共和国城市房地产管理法》《中华人民共和国土地管理法》等。

3. 行政法规（带"条例"）：指国务院根据宪法和法律，按照法定程序制定的有关行使行政权力，履行行政职责的法律规范的总称，如《城市房地产开发经营管理条例》《建设工程质量管理条例》《住房公积金管理条例》等。

4. 地方性法规、自治条例和单行条例（地方性法规带"地方"）。

5. 规章（带"办法、规定"）：规章也称为行政规章，是指国家机关制定的关于行政管理的规范性文件，分为国务院部门规章和地方政府规章。国务院部门规章简称部门规章，如《房地产经纪管理办法》《商品房屋租赁管理办法》《城市房地产抵押管理办法》《房地产广告发布规定》等。

1.（单选题）全国各族人民的根本的活动准则是（　　）。
   A. 法律
   B. 行政法规
   C. 地方性法规
   D. 宪法

【答案】D

【解析】宪法是国家的根本法，具有最高的法律地位、法律权威、法律效力，是国家各项制度和法律法规的总依据。全国各族人民、一切国家机关和武装力量、各政党和各社会团体、各企业事业组织，都必须以宪法为根本的活动准则。

【出处】《房地产经纪专业基础》（第四版）P227

核心知识点 2：法律的适用范围

法律的适用范围即法律的效力范围，包括法律在时间、空间、对人的适用范围：

1. 法律在时间上的适用范围

一般来说，法律的效力，自施行之日发生，至废止之日停止。法律开始生效的时间通常有两种情况：一是自法律公布之日起生效；二是法律公布后经过一段时间再生效。大多数法律开始生效的时间属于第二种情况。

2. 法律在空间上的适用范围

制定法律的机关不同，法律适用的地域范围也不同，大体上有两种情况：一是宪法、法律、行政法规、部门规章适用于全国；二是凡属地方立法机关或地方国家机关制定的地方性法规、自治条例、单行条例、地方政府规章，只在该机关管辖的行政区域范围内发生效力。

3. 法律对人的适用范围

（1）属人主义：不论某人是身处国内还是国外，只要该人具有本国国籍即适用本国的法律；

（2）属地主义：以地域为标准确定法律对人的约束力，凡是在本国管辖区域内的人，不论其国籍是本国还是外国，均受本国法律的管辖。

1.（单选题）《房地产经纪管理办法》公布之日是 2011 年 1 月 20 日，自 2011 年 4 月 1 日起施行，则生效时间是（　　）。
   A. 2011 年 1 月 20 日
   B. 2011 年 4 月 1 日

C. 2011年4月20日　　　　D. 2011年7月20日

【答案】B

【解析】一般来说，法律的效力自施行之日发生，至废止之日停止。

【出处】《房地产经纪专业基础》（第四版）P229

核心知识点 3：法律适用的基本原则

不同法律之间对同一事项的规定不一致时，应当适用哪一种法律的规定，根据《中华人民共和国立法法》的有关规定，一般遵循"上位法优于下位法""特别法优于一般法""新法优于旧法""法不溯及既往"等原则进行处理。

1. 上位法优于下位法原则：

部门规章之间、部门规章与地方政府规章之间对同一事项的规定不一致时，由国务院裁决。

2. 特别法优于一般法原则：特别规定与一般规定不一致的，适用特别规定；
3. 新法优于旧法原则：同一机关制定的法律、行政法规、地方性法规、自治条例、单行条例、规章，在旧的仍然具有合法效力的情况下，新的规定与旧的规定不一致的，适用新的规定。
4. 法不溯及既往原则：法是否溯及既往，是指新的法律施行后，对它生效之前发生的事实和行为是否适用。如果不适用，则没有溯及力。

1.（单选题）不同法律之间对同一事项的规定不一致时，应适用其中哪一法律的规定，一般遵循的原则不包括（　　）。

A. 上位法优于下位法　　　　B. 一般法优于特别法
C. 新法优于旧法　　　　　　D. 法不溯及既往

【答案】B

【解析】不同法律之间对同一事项的规定不一致时，应适用其中哪一法律的规定，一般遵循"上位法优于下位法""特别法优于一般法""新法优于旧法""法不溯及既往"等原则进行处理。

【出处】《房地产经纪专业基础》（第四版）P230

核心知识点 4：消费者的权利

《消费者权益保护法》规定了消费者享有安全保障、真情知悉、自主选择、公平交易等九项权利。

1. 安全保障权：消费者有权要求经营者提供的服务或商品符合保障人身、财产安全的要求；

2. 真情知悉权：消费者在自主选择商品或服务时，有权进行比较、鉴别和挑选；

3. 自主选择权：消费者有权获取质量保障、价格合格、计量正确等公平交易条件，有权拒绝经营者的强制交易行为；

4. 公平交易权：消费者享有公平交易的权利

5. 获得赔偿权：消费者因购买、使用商品或接受服务受到人身、财产损害的，享有依法获得赔偿的权利；

6. 得到尊重权：消费者因购买、使用商品或接受服务时，享有人格尊严、民族风俗习惯得到尊重的权利，以及个人信息依法得到保护的权利；

7. 依法结社权：消费者有依法成立维护自身合法权益的社会组织的权利；

8. 获得知识权：消费者享有获得有关消费和消费权益保护方面的知识的权利；

9. 监督批评权：消费者有权检举、控告侵害消费者权益的行为和国家机关及其工作人员在保护消费者权益工作中的违法失职行为，有权对保护消费者权益工作提出批评和建议。

1.（单选题）消费者协会依照法律规定，对陈某的投诉事件进行调查和调节，体现了消费者具有（　　）的权利。

A. 获得赔偿权　　　　　　　　B. 依法结社权
C. 获得知识权　　　　　　　　D. 公平交易权

【答案】B
【解析】消费者享有依法成立维护自身合法权益的社会组织的权利。在我国，维护消费者合法权益的社会组织主要指消费者协会。
【出处】《房地产经纪专业基础》（第四版）P233

核心知识点5：经营者的义务

《消费者权益保护法》从保护消费者合法权益的需要处罚，针对消费者的权利，规定了经营者应该履行的义务：

1. 守法诚信义务：不得设定不公平、不合理的交易条件，不得强制交易；

2. 接受监督义务：经营者应当听取消费者对其提供的商品或者服务的意见，接受消费者的监督；

3. 保证消费者安全义务：对可能危及人身、财产安全的商品和服务，应当向消费者作出真实的说明和明确的警示；

4. 真实信息告知义务：经营者向消费者提供有关商品或者服务的质量、性能、用途、有效期限等信息，应当真实、全面，不得作虚假或者引人误解的宣传。

5. 真实标识义务：经营者以及租赁他人柜台或者场地的经营者，应当标明其真实名称和标记；

6. 出具凭证单据义务：经营者提供商品或者服务，应当按照国家有关规定或者商业惯例向消费者出具发票等购货凭证或者服务单据；消费者索要发票等购货凭证或者服务单据的，经营者必须出具；

7. 质量保证义务：经营者应当保证消费者在正常使用商品或者接受服务的情况下，有权获得其提供的商品或者服务应当具有的质量、性能、用途和有效期限；

8. 售后服务义务：经营者提供的商品或者服务不符合质量要求的，消费者可以依照国家规定、当事人约定退货，或者要求经营者履行更换、修理等义务；

9. 禁止以告示等方式免责：经营者不得以格式条款、通知、声明、店堂告示等方式，作出排除或者限制消费者权利、减轻或者免除经营者责任、加重消费者责任等对消费者不公平、不合理的规定，不得利用格式条款并借助技术手段强制交易；

10. 禁止侵犯消费者人身权：经营者不得对消费者进行侮辱、诽谤，不得搜查消费者的身体及其携带的物品，不得侵犯消费者的人身自由。

1.（单选题）经营者对消费者就其提供的商品或者服务的质量和使用方法等问题提出的询问，应当作出真实、明确的答复，体现了经营者的（　　）。

A. 接受监督义务　　　　　　　　B. 真实信息告知义务
C. 真实标识义务　　　　　　　　D. 售后服务义务

【答案】B
【解析】真实信息告知义务：经营者对消费者就其提供的商品或者服务的质量和使用方法等问题提出的询问，应当作出真实、明确的答复。
【出处】《房地产经纪专业基础》（第四版）P234

核心知识点 6：消费者权益争议的解决

《消费者权益保护法》规定，消费者和经营者发生消费者权益争议的，可以通过以下途径解决：

1. 与经营者协商解决；
2. 请求消费者协会或者依法成立的其他调解组织调解；
3. 向有关行政部门投诉；
4. 根据与经营者达成的仲裁协议提请仲裁机构仲裁；
5. 向人民法院提起诉讼。

1.（单选题）消费者权益争议的解决方式不包括（　　）。

A. 协商　　　　　　　　　　　　B. 恐吓
C. 仲裁　　　　　　　　　　　　D. 诉讼

【答案】B
【解析】《消费者权益保护法》规定，消费者和经营者发生消费者权益争议的，可以通过以下5个途径解决：①与经营者协商和解；②请求消费者协会或者依法成立的其他调解组织调解；③向有关行政部门投诉；④根据与经营者达成的仲裁协议提请仲裁机构仲裁；⑤依法向人民法院提起诉讼。
【出处】《房地产经纪专业基础》（第四版）P235

【真题实测】

一、单选题（每个备选答案中只有一个最符合题意）

1. 我国现行法律体系中，通常不在全国范围内适用的是（　　）。
   A．单行条例　　　　　　　　B．行政法规
   C．基本法律　　　　　　　　D．国务院部门规章

2. 消费者在购买二手房时，有权知道房屋瑕疵情况，这体现了消费者享有（　　）。
   A．得到尊重权　　　　　　　B．公平交易权
   C．自主选择权　　　　　　　D．真情知悉权

3. 房地产开发企业向购房人提供《住宅使用说明书》，体现消费者权利的是（　　）。
   A．安全保障权　　　　　　　B．公平交易权
   C．自由选择权　　　　　　　D．真情知悉权

4. 国家要求房地产经纪机构应当在其经营场所醒目位置公示营业执照、备案证明文件、服务项目和标准等内容，体现了保护消费者权益中的（　　）。
   A．公平交易权　　　　　　　B．自主选择权
   C．真情知悉权　　　　　　　D．受尊重权

二、多选题（每个备选答案中有两个或两个以上符合题意）

5. 下列房地产经纪行为中，符合《消费者权益保护法》的有（　　）。
   A．开展经纪收费相应单据
   B．未经消费者同意推送房源广告
   C．公开展示经营证照
   D．以店堂告示的方式免责
   E．发布不实房源信息

【真题实测答案】

1．【答案】A
【解析】凡属地方立法机关或地方国家机关制定的地方性法规、自治条例、单行条例、地方政府规章，只在该机关管辖的行政区域范围内发生效力。
【出处】《房地产经纪专业基础》（第四版）P230

2．【答案】D
【解析】有权知晓房屋瑕疵属于真情知悉权，即：消费者享有知悉其购买、使用的商品或者接受的服务的真实情况的权利。
【出处】《房地产经纪专业基础》（第四版）P232

3．【答案】D
【解析】消费者享有知悉其购买、使用的商品或者接受的服务的真实情况的权利。消费者有权根据商品或者服务的不同情况，要求经营者提供商品的价格、产地、生产者、用途、性能、规格、等级、主要成分、生产日期、有效期限、检验合格证明、使用方法说明书、售后服务，或者服务的内容、标准、费用等有关情况。
【出处】《房地产经纪专业基础》（第四版）P232

4．【答案】C
【解析】消费者有权根据商品或者服务的不同情况，要求经营者提供商品的价格、产

地、生产者、用途、性能、规格、等级、主要成分、生产日期、有效期限、检验合格证明、使用方法说明书、售后服务，或者服务的内容、标准、费用等有关情况。

【出处】《房地产经纪专业基础》（第四版）P232

5.【答案】AC

【解析】《消费者权益保护法》规定经营者的十项义务中提及：

（1）禁止侵犯消费者人身权，经营者未经消费者同意或者请求，或者消费者明确表示拒绝的，不得向其发送商业性信息；

（2）禁止以告示等方式免责；

（3）经营者具有真实信息告知的义务。

【出处】《房地产经纪专业基础》（第四版）P234

【章节小测】

一、单选题（每个备选答案中只有一个最符合题意）

1．《房地产经纪管理办法》是（　　）。
  A．法律　　　　　　　　　　B．行政法规
  C．单行条例　　　　　　　　D．部门规章

2．部门规章之间、部门规章与地方政府规章之间对同一事项的规定不一致时，由（　　）裁决。
  A．全国人民代表大会常务委员会　B．地方政府
  C．国务院　　　　　　　　　D．立法机关

3．《中华人民共和国民法典物权编》和《城市房地产管理法》就房地产领域中的物权相关事项规定不一致时，应遵循的法律适用原则是（　　）。
  A．上位法优于下位法　　　　B．特别法优于一般法
  C．新法优于旧法　　　　　　D．法不溯及既往

4．《民法典》颁布实施后，此前颁布实施的《民法总则》《合同法》以及《物权法》等民事单行法的规定与民法总则的规定不一致，应按照（　　）实施。
  A．合同法　　　　　　　　　B．民法通则
  C．物权法　　　　　　　　　D．民法典

5．经营者应当保护在正常使用商品或者接受服务的情况下其提供的商品或者服务应当具有的质量、性能、用途和有效期限，体现了经营者的（　　）。
  A．保证消费者安全义务　　　B．真实信息告知义务
  C．质量保证义务　　　　　　D．售后服务义务

6．如《城市房地产管理法》与《房地产经纪管理办法》就同一事项做出不同规定时，应遵循的法律适用原则是（　　）。
  A．上位法优于下位法　　　　B．特别法优于一般法
  C．新法优于旧法　　　　　　D．法不溯及既往

7．《中华人民共和国民法典》规定："中华人民共和国领域内的民事活动，适用中华人民共和国法律。法律另有规定的，依照其规定。"该条主要采用的处理原则是（　　）。
  A．属人主义　　　　　　　　B．属事主义

C. 属法主义　　　　　　　　D. 属地主义

8. 《不动产登记暂行条例》属于我国现行法律体系中的（　　）。
   A. 法律　　　　　　　　　　B. 行政法规
   C. 单行条例　　　　　　　　D. 部门规章

9. 消费者享有知悉其购买的商品的真实情况的权利体现了消费的具有（　　）。
   A. 安全保障权　　　　　　　B. 真情知悉权
   C. 自主选择权　　　　　　　D. 获得知识权

二、多选题（每个备选答案中有两个或两个以上符合题意）

10. （真题）消费者的权利包括（　　）。
    A. 安全保障权　　　　　　　B. 真情知悉权
    C. 自主选择权　　　　　　　D. 公平交易权
    E. 质量保证权

【章节小测答案】

1. 【答案】D
【解析】国务院部门规章简称部门规章，如《房地产经纪管理办法》《商品房屋租赁管理办法》《城市房地产抵押管理办法》《房地产广告发布规定》等。
【出处】《房地产经纪专业基础》（第四版）P228

2. 【答案】C
【解析】部门规章之间、部门规章与地方政府规章之间对同一事项的规定不一致时，由国务院裁决。
【出处】《房地产经纪专业基础》（第四版）P231

3. 【答案】B
【解析】《中华人民共和国民法典物权编》是规范物权的一般法，《城市房地产管理法》是特别法，是对特定领域的物权所作的特别规定，原则上应优先适用。
【出处】《房地产经纪专业基础》（第四版）P231

4. 【答案】D
【解析】法律的新法优于旧法原则指同一事项已有新法施行时，旧法自然不再适用。
【出处】《房地产经纪专业基础》（第四版）P231

5. 【答案】C
【解析】质量保证义务：经营者应当保证消费者在正常使用商品或者接受服务的情况下，有权获得其提供的商品或者服务应当具有的质量、性能、用途和有效期限。
【出处】《房地产经纪专业基础》（第四版）P235

6. 【答案】A
【解析】法律的效力高于行政法规、地方性法规、规章。
【出处】《房地产经纪专业基础》（第四版）P230

7. 【答案】D
【解析】《中华人民共和国民法典》规定："中华人民共和国领域内的民事活动，适用中华人民共和国法律。法律另有规定的，依照其规定。"该条主要采用属地主义，即在中华人民共和国领域内的民事活动，适用中华人民共和国法律。

【出处】《房地产经纪专业基础》（第四版）P230

8.【答案】B

【解析】行政法规如《城市房地产开发经营管理条例》《住房公积金管理条例》《物业管理条例》《不动产登记暂行条例》等。

【出处】《房地产经纪专业基础》（第四版）P228

9.【答案】B

【解析】真情知悉权：消费者享有知悉其购买、使用的商品或者接受的服务的真实情况的权利。

【出处】《房地产经纪专业基础》（第四版）P232

10.【答案】ABCD

【解析】《消费者权益保护法》规定了消费者享有安全保障、真情知悉、自主选择、公平交易等九项权利。质量保证是经营者的义务。

【出处】《房地产经纪专业基础》（第四版）P232

第九章 民法典有关内容和规定

【章节导引】

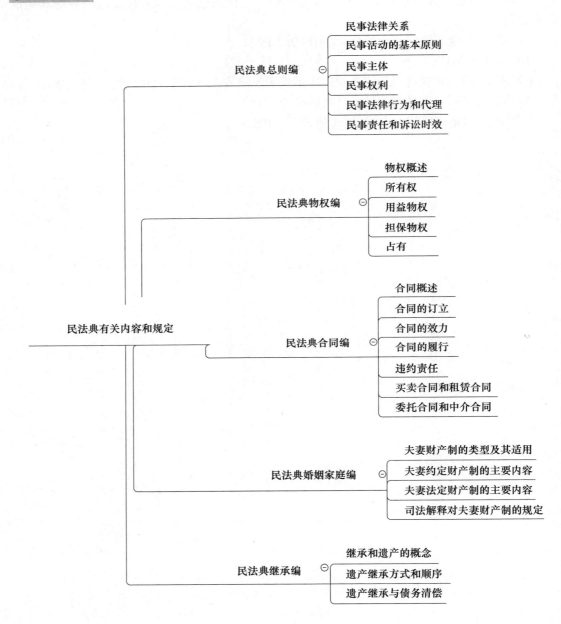

【章节核心知识点】

核心知识点1：民事关系

民事关系是平等主体之间的权利和义务关系，根据权利义务所涉及的内容性质的不同，分为人身关系和财产关系两大类：

1. 人身关系
（1）人格关系：如生命权、健康权、姓名权、名誉权、荣誉权、肖像权、隐私权等；
（2）身份关系：如婚姻、亲属、监护等。
2. 财产关系
（1）静态的财产支配关系：如所有权关系；
（2）动态的财产流转关系：如债权债务关系。

1.（多选题）属于民事关系中的人身关系的有（　　）。
　　A. 生命权　　　　　　　　　B. 姓名权
　　C. 所有权　　　　　　　　　D. 荣誉权
　　E. 债权
【答案】ABD
【解析】人身关系包括人格关系（如生命权、健康权、姓名权、名誉权、荣誉权、肖像权、隐私权等）和身份关系（如婚姻、亲属、监护等）。
【出处】《房地产经纪专业基础》（第四版）P237

2.（单选题）所有权关系属于（　　）。
　　A. 人身关系　　　　　　　　B. 人格关系
　　C. 身份关系　　　　　　　　D. 财产关系
【答案】D
【解析】财产关系包括静态的财产支配关系（如所有权关系）和动态的财产流转关系（如债权债务关系）。
【出处】《房地产经纪专业基础》（第四版）P237

核心知识点2：民事活动的基本原则

《民法典》规定民事活动必须遵循平等原则、自愿原则、公平原则、诚信原则、守法和公序良俗原则、绿色原则。

1. 平等原则：民事主体在民事活动中的法律地位一律平等，合法权益受到法律的平等保护。贯彻平等原则，要求民事主体在从事民事活动时不得将自己的意志强加给对方，在进行交易时必须在平等协商的基础上达成交易协议，当事人一方利用优势地位强加给另一方的不公平的"霸王条款"无效，从而实现公平交易。

2. 自愿原则：民事主体有权根据自己的意愿，自愿从事民事活动，按照自己的意思自主决定民事法律关系的内容及其设立、变更和终止，自觉承受相应的法律后果。

3. 公平原则：要求民事主体在从事民事活动时要公平对待，按照公平观念行使权利、履行义务，特别是对于双方民事法律行为，双方之间的权利和义务应当对等，不能一方只享有权利而不承担义务，也不能双方之间享受的权利和义务相差悬殊。

4. 诚信原则：按照诚信原则的要求善意行事，例如在着手与他人开展民事活动时应如实告知交易方自己的相关信息，表里如一，不弄虚作假。

5. 守法和公序良俗原则：民事主体从事民事活动，不得违反法律，不得违背公序良俗。

6. 绿色原则：民事主体从事民事活动，应当有利于节约资源、保护生态环境。

1. （单选题）一方当事人把自己的意志强加给对方，违反了民事活动的（　　）原则。
　　A. 公平　　　　　　　　　　　　B. 自愿
　　C. 平等　　　　　　　　　　　　D. 守法

【答案】C

【解析】贯彻平等原则，要求民事主体在从事民事活动时不得将自己的意志强加给对方。

【出处】《房地产经纪专业基础》（第四版）P238

核心知识点3：自然人

1. 自然人的民事行为能力：自然人就是通常意义上的人，其民事行为能力分为3种：

（1）完全民事行为能力人：18周岁以上的自然人为成年人，具有完全民事行为能力。16周岁以上的未成年人，以自己的劳动收入为主要生活来源的，视为完全民事行为能力人。完全民事行为能力人可以独立进行民事活动。

（2）限制民事行为能力人：8周岁以上的未成年人和不能完全辨认自己行为的成年人，为限制民事行为能力人。限制民事行为能力人只能独立进行与其辨识能力相适应的民事活动，其实施民事法律行为由其法定代理人代理或经其法定代理人同意、追认。

（3）无民事行为能力人：不满8周岁的未成年人和不能辨认自己行为的成年人，为无民事行为能力人。无民事行为能力人应当由其法定代理人代理实施民事活动。

2. 监护：未成年人的监护人是其父母；父母均已死亡或没有监护能力的，由以下有监护能力的人按顺序担任监护人：① 祖父母、外祖父母；② 兄、姐；③ 其他愿意担任监护人的个人或组织，但须经未成年人住所地的居民委员会、村民委员会或民政部门同意。

无民事行为能力或限制民事行为能力的成年人，由以下有监护能力的人按顺序担任监护人：① 配偶；② 父母、子女；③ 其他近亲属；④ 其他愿意担任监护人的个人或组织，但须经被监护人住所地的居民委员会、村民委员会或民政部门同意。

1. （单选题）无民事行为能力的人的年龄是（　　）。
　　A. 未满8周岁　　　　　　　　　　B. 未满12周岁
　　C. 未满16周岁　　　　　　　　　 D. 未满18周岁

【答案】A

【解析】不满8周岁的未成年人和不能辨认自己行为的成年人，为无民事行为能力人。

【出处】《房地产经纪专业基础》(第四版) P240

2. (单选题)民事主体不包括( )。
   A. 民事关系的得益者 B. 民事权利的享有者
   C. 民事义务的履行者 D. 民事责任的承担者

【答案】A

【解析】民事主体是民事关系的参与者、民事权利的享有者、民事义务的履行者和民事责任的承担者。

【出处】《房地产经纪专业基础》(第四版) P239

核心知识点4:民事权利的种类

1. 民事权利的种类根据民事权利的内容和性质,民事权利分为人身权利和财产权利。

在人身权利方面,民法典规定:自然人的人身自由、人格尊严受法律保护;自然人享有生命权、身体权、健康权、姓名权、肖像权、名誉权、荣誉权、隐私权、婚姻自主权等权利。

在财产权利方面,民法典规定:民事主体的财产权利受法律平等保护;民事主体依法享有物权、债权、继承权、股权和其他投资性权利。

2. 民事权利的取得:民事权利可以依据以下方式取得:① 民事法律行为;② 事实行为;③ 法律规定的事件;④ 法律规定的其他方式。例如,订立合同是民事法律行为,合同当事人可以通过订立合同取得合同约定的民事权利。

3. 民事权利的行使:民事主体按照自己的意愿依法行使民事权利,不受干涉。这是自愿原则在民事权利行使中的体现。民事主体行使权利时,应当履行法律规定的义务和当事人约定的义务,不得滥用民事权利损害国家利益、社会公共利益或他人合法权益。

1. (多选题)民事权利中人身权利包括( )。
   A. 生命权   B. 名誉权
   C. 继承权   D. 隐私权
   E. 姓名权

【答案】ABDE

【解析】在人身权利方面,《民法典》规定:"自然人的人身自由、人格尊严受法律保护。""自然人享有生命权、身体权、健康权、姓名权、肖像权、名誉权、荣誉权、隐私权、婚姻自主权等权利。"

【出处】《房地产经纪专业基础》(第四版) P242

2. (多选题)民事权利中财产权利包括( )。
   A. 物权   B. 债权
   C. 继承权   D. 隐私权
   E. 婚姻自主权

【答案】ABC

【解析】在财产权利方面,《民法典》规定:"民事主体的财产权利受法律平等保护。"

并规定民事主体依法享有物权、债权、知识产权、股权和其他投资性权利，自然人依法享有继承权。

【出处】《房地产经纪专业基础》（第四版）P243

核心知识点 5：民事法律行为

1. 民事法律行为的形式：可采用书面形式、口头形式或其他形式实施；法律、行政法规规定或当事人约定采用特定形式（如书面形式）的，应采用特定形式。

2. 民事法律行为的效力：既包括合法的法律行为，也包括无效、可撤销和效力待定的法律行为。

民事法律行为效力	具备条件
有效民事法律行为	行为人具有相应的民事行为能力； 意思表示真实； 不违反法律、行政法规的强制性规定，不违背公序良俗
无效民事法律行为	无民事行为能力人实施的； 行为人与相对人以虚假的意思表示实施的； 行为人与相对人恶意串通，损害他人合法权益的； 违反法律、行政法规的强制性规定的； 违背公序良俗的
可撤销民事法律行为	限制民事行为能力人实施的； 基于重大误解实施的； 一方以欺诈手段，使对方在违背真实意思的情况下实施的； 第三人实施欺诈行为，使一方在违背真实意思的情况下实施的； 一方或者第三人以胁迫手段，使对方在违背真实意思的情况下实施的； 一方利用对方处于危困状态、缺乏判断能力等情形，致使民事法律行为成立时显失公平的

1. （单选题）关于民事法律行为成立条件的说法，错误的是（　　）。
   A. 行为人具有相应的民事行为能力　　B. 意思表示真实
   C. 不违背公序良俗　　D. 必须采用书面形式

【答案】D
【解析】民事法律行为可采用书面形式、口头形式或其他形式实施。
【出处】《房地产经纪专业基础》（第四版）P244

核心知识点 6：代理

1. 代理
指代理人在代理权限内，以被代理人名义实施民事法律行为，其法律效果直接归属于被代理人的行为。

2. 代理的类型
（1）委托代理：按照被代理人的委托来行使代理权的代理。
（2）法定代理：依照法律的规定来行使代理权的代理，主要是为无民事行为能力人和限制民事行为能力人行使权利、承担义务而设立的制度。

3. 代理权的取得

委托代理授权可以采用书面形式、口头形式或其他形式；法律、行政法规规定或当事人约定采用特定形式的，应采用特定形式。其中，书面形式是最主要的授权形式，称为授权委托书。授权委托书应载明代理人的姓名或名称、代理事项、代理权限和代理期限，并由被代理人签名或盖章。法定代理中的代理权来自法律的直接规定，无需被代理人的授权。无民事行为能力人、限制民事行为能力人的监护人是其法定代理人。

4. 代理权的行使

滥用代理权的行为规定：① 代理人不得与相对人恶意沟通，损害被代理人的合法权益。② 代理人不得以被代理人名义与自己实施民事法律行为，被代理人同意或追认的除外。③ 代理人不得以被代理人名义与自己同时代理的其他人实施民事法律行为，被代理的双方同意或追认的除外。④ 代理人不得超越代理权限进行代理活动。⑤ 代理人不得利用代理权从事违法活动。

5. 无权代理

① 没有代理权的无权代理。② 超越代理权的无权代理。③ 代理权终止后的无权代理。

1.（单选题）关于代理的说法，错误的是（　　）。
    A. 代理人应在代理权限内进行民事活动
    B. 代理人应以被代理人的名义进行民事活动
    C. 代理人的民事活动结果由被代理人承受
    D. 代理人的民事活动结果由代理人与被代理人书面约定承受人

【答案】D

【解析】代理是指代理人在代理权限内，以被代理人名义实施民事法律行为，其法律效果直接归属于被代理人的行为。

【出处】《房地产经纪专业基础》（第四版）P245

核心知识点 7：民事责任和诉讼时效

1. 民事责任

《民法典》规定："民事主体依照法律规定和当事人约定，履行民事义务，承担民事责任。""因不可抗力不能履行民事义务的，不承担民事责任。法律另有规定的，依照其规定。不可抗力是指不能预见、不能避免且不能克服的客观情况。"

承担民事责任的方式主要有以下 11 种：① 停止侵害；② 排除妨碍；③ 消除危险；④ 返还财产；⑤ 恢复原状；⑥ 修理、重作、更换；⑦ 继续履行；⑧ 赔偿损失；⑨ 支付违约金；⑩ 消除影响、恢复名誉；⑪ 赔礼道歉。

以上承担民事责任的方式，可以单独适用，也可以合并适用。

2. 诉讼时效

（1）普通诉讼时效期间：自权利人知道或应当知道权利受到损害以及义务人之日起计

算，诉讼时效期间为3年。

（2）最长诉讼时效期间：虽然权利人不知道权利受到损害以及义务人，但自权利受到损害之日起计算，最长权利保护期间为20年。

（3）特殊诉讼时效期间：特殊诉讼时效优先于普通诉讼时效适用。《民法典》规定："无民事行为能力人或者限制民事行为能力人对其法定代理人的请求权的诉讼时效期间，自该法定代理终止之日起计算。"

1. （多选题）承担民事责任的方式包括（   ）。
   A. 停止侵害   B. 诉讼
   C. 返还财产   D. 赔礼道歉
   E. 恢复名誉

【答案】ACDE
【解析】承担民事责任的方式主要有以下11种：① 停止侵害；② 排除妨碍；③ 消除危险；④ 返还财产；⑤ 恢复原状；⑥ 修理、重作、更换；⑦ 继续履行；⑧ 赔偿损失；⑨ 支付违约金；⑩ 消除影响、恢复名誉；⑪ 赔礼道歉。
【出处】《房地产经纪专业基础》（第四版）P248

2. （单选题）根据《民法典》，承租人拒付租金的，出租人的诉讼时效期间从其知道或者应当知道权利被侵害时起计算为（   ）年。
   A. 1   B. 2
   C. 3   D. 20

【答案】C
【解析】《民法典》规定："向人民法院请求保护民事权利的诉讼时效期间为3年。法律另有规定的，依照其规定。"诉讼时效期间自权利人知道或者应当知道权利受到损害以及义务人之日起计算。
【出处】《房地产经纪专业基础》（第四版）P248

核心知识点8：房地产相关权利

小知识点8-1：物权

1. 物权概念及其与债权的区别

物权包括所有权、用益物权和担保物权。物权和债权都属于财产权，但又不相同。

（1）权利性质不同。物权是支配权，债权是请求权。

（2）权利产生方式不同。物权的产生实行法定主义，债权的产生实行任意主义。

（3）权利效力范围不同。物权是"绝对权""对世权"，其效力及于一切人，即义务人为不特定的任何人的权利类型；债权是"相对权""对人权"，其效力及于特定人，即义务人为特定人的权利类型。

（4）权利效力不同。物权具有支配力，债权仅有请求力。物权作为一种支配权，其支配力使物权具有排他效力、优先效力、追及效力。债权不具有排他性、优先权，也没有追及效力。

2.《民法典》物权编的主要原则
（1）物权法定原则：种类法定、内容法定、效力法定和公示方式法定。
（2）物权公示原则：不动产物权以登记和登记的变更作为权利享有和变动的公示方式；动产物权以占有作为权利享有的公示方式。了解一项不动产的权利主体，就是查不动产登记簿。
（3）物权取得和行使遵守法律、尊重社会公德原则。
3. 物权的分类
（1）不动产物权和动产物权
（2）主物物权和从物物权：主物权是不依赖于其他权利而独立存在的物权，如所有权、建设用地使用权、宅基地使用权。从物权是从属于其他权利并为其服务的物权，如地役权、抵押权、质权、留置权。
（3）自物权和他物权：自物权是权利人对自己的物享有的权利，即所有权。他物权是在他人的物上设立的权利，如建设用地使用权、地役权、抵押权等。
（4）完全物权和限制物权：完全物权即所有权，是权利人对标的物享有全面的、排他性支配的权利。用益物权和担保物权都是限制物权。
（5）无期限物权和有期限物权：所有权属于无期限物权，只要物存在，该物上的所有权就存在。建设用地使用权通常是有期限物权，抵押权、质权、留置权也属于有期限物权。

1.（单选题）王某将自己的房屋卖给张某，并将该房屋交给张某使用，但未办理房屋登记；后来因李某出价更高，王某又把该房屋卖给李某，并与李某办理了房屋登记。目前该房屋的所有权人是（　　）。
　　A. 王某　　　　　　　　　　B. 张某
　　C. 李某　　　　　　　　　　D. 等待法院裁决
【答案】C
【解析】要知晓一项不动产的权利主体，就是查不动产登记簿，其记载的权利人就是该不动产的权利人。
【出处】《房地产经纪专业基础》（第四版）P251

小知识点 8-2：所有权
（1）所有权概述：所有权人对自己的物享有占有、使用、收益和处分的权利。
（2）不动产所有权：土地所有权和房屋所有权是最为典型的不动产所有权。
（3）业主的建筑物区分所有权：业主对建筑物专有部分以外的共有部分，享有权利，承担义务；不得以放弃权利为由不履行义务。建筑区划内的道路，属于业主共有，但属于城镇公共道路的除外。建筑区划内的绿地，属于业主共有，但属于城镇公共绿地或者明示属于个人的除外。建筑区划内的其他公共场所、公用设施和物业服务用房，属于业主共有。
（4）相邻关系：指不动产的相邻权利人依照法律法规规定或按照当地习惯，相互之间应提供必要的便利或接受必要的限制而产生的权利和义务关系。
（5）共有：共有分为按份共有和共同共有。处分按份共有的不动产，应经占份额2/3

以上的按份共有人同意。共同共有是指两个以上权利主体对一物不分份额、平等地享有权利和承担义务的共有。

1.（单选题）商品住宅小区内的道路，属于（　　）。
A. 原房地产开发企业所有　　　　B. 物业服务企业所有
C. 业主与物业服务企业共有　　　D. 业主共有
【答案】D
【解析】建筑区划内的道路，属于业主共有，但属于城镇公共道路的除外。
【出处】《房地产经纪专业基础》（第四版）P254

小知识点 8-3：用益物权
（1）概念：用益物权是用益物权人对他人所有的不动产或者动产，依法享有占有、使用和收益的权利。
（2）用益物权的种类：用益物权包括下列权利：
①土地承包经营权；②建设用地使用权；③宅基地使用权；④居住权；⑤地役权
（3）用益物权的特征是：
①是以对物的实际占有为前提，以使用、收益为目的；
②是由所有权派生的物权；
③是受限制的物权，只具有所有权的部分权能；
④是一项独立的物权；
⑤一般以不动产为客体。
地役权具有特殊性，表现为：地役权不以对他人之物的实际占有为前提；地役权以满足需役地的需要为目的，具有从属性。地役权具体有以下4个特征：① 地役权是依据合同设立的。② 地役权是利用他人不动产的权利。③ 地役权是为了提高自己不动产的效益。④ 地役权具有从属性和不可分性，不能与需役地分离，随着需役地所有权或使用权的消灭而消灭。

1.（单选题）关于用益物权的说法，错误的是（　　）。
A. 所有权属于用益物权　　　　　B. 用益物权以使用、收益为目的
C. 用益物权一般以不动产为客体　D. 用益物权是一项独立的、受限制的物权
【答案】A
【解析】用益物权包括下列权利：土地承包经营权；建设用地使用权；宅基地使用权；居住权；地役权。物权分为所有权和限制物权，用益物权和担保物权都是限制物权。
【出处】《房地产经纪专业基础》（第四版）P255

小知识点 8-4：担保物权
（1）概念：担保物权是为保障债权的实现而设立的物权。
（2）担保物权的种类：抵押权、质权、留置权。
（3）担保物权的特征：① 是以保障债权的实现为目的；② 具有优先受偿的效力。

③是在债务人或第三人的财产上设定的权利。④具有从属性和不可分性。

1. (单选题)下列选项中,属于担保物权的是( )。
   A. 所有权   B. 抵押权
   C. 地役权   D. 租赁权

【答案】B
【解析】担保物权的种类:抵押权;质权;留置权。
【出处】《房地产经纪专业基础》(第四版)P256

2. (单选题)担保物权以( )为目的。
   A. 使用、收益   B. 交易
   C. 处理共有关系   D. 保障债权的实现

【答案】D
【解析】担保物权的特征是以保障债权的实现为目的。
【出处】《房地产经纪专业基础》(第四版)P257

核心知识点 9:民法典合同编

合同也成为契约,是民事主体之间设立、变更、终止民事权利义务关系的协议。

1. 合同的特征
①是平等主体之间的民事法律关系;②是两方以上当事人自愿进行的民事法律行为;③是关于民事权利义务关系的协议;④是具有相应法律效力的文件。

2. 合同的分类
(1)典型合同和非典型合同;(2)要式合同和非要式合同;
(3)双务合同和单务合同;(4)有偿合同和无偿合同;
(5)诺成合同和实践合同;(6)主合同和从合同。

3. 合同订立
(1)要约:要约是当事人一方向另一方提出合同条件,希望另一方接受的意思表示。
(2)承诺:承诺是指受要约人同意接受要约的全部条件以缔结合同的意思表示。

4. 合同效力

合同效力		具体内容
合同生效条件		当事人具有相应的民事行为能力
		意思表示真实
		不违反法律、行政法规的强制性规定和社会公共利益
违反生效条件	无效合同	指合同虽然已经成立,但因其不具备法律规定的生效条件而被确认为无效的合同
	效力待定的合同	指合同虽然已经成立,但因其不完全具备法律规定的生效条件,而是否能够生效还须经权利人的追认才能确定的合同
	可变更、可撤销的合同	指因当事人在意思表示方面存在瑕疵而可以对已经成立的合同请求人民法院或仲裁机构予以变更或撤销的合同

1. （单选题）根据合同是否需要采用特定形式才能成立，可以将合同分为（　　）。
    A. 典型合同和非典型合同　　　B. 要式合同和非要式合同
    C. 双务合同和单务合同　　　　D. 诺成合同和实践合同
【答案】B
【解析】根据合同是否需要采用特定形式才能成立，合同分为要式合同和非要式合同。
【出处】《房地产经纪专业基础》（第四版）P259

2. （单选题）根据合同双方当事人是否互相享有权利、承担义务，可以将合同分为（　　）。
    A. 有偿合同和无偿合同　　　　B. 要式合同和非要式合同
    C. 双务合同和单务合同　　　　D. 诺成合同和实践合同
【答案】C
【解析】根据合同双方当事人是否互相享有权利、承担义务，分为双务合同和单务合同。
【出处】《房地产经纪专业基础》（第四版）P259

3. （单选题）某房地产开发企业在繁华地段向行人派发商品住宅价目表的行为，属于（　　）。
    A. 要约　　　　　　　　　　　B. 要约邀请
    C. 承诺　　　　　　　　　　　D. 诺成
【答案】B
【解析】要约邀请是希望他人向自己发出要约的意思表示，是当事人订立合同的预备行为。如寄送的价目表、商业广告、拍卖公告、招标公告等为要约邀请。
【出处】《房地产经纪专业基础》（第四版）P260

4. （单选题）甲房地产经纪机构发布了一套挂牌价格为100万元的房源信息，王某看房后表示如果价格降低5万元则愿意购买。甲房地产经纪机构发布信息及王某议价的行为分别属于（　　）。
    A. 要约和承诺　　　　　　　　B. 要约邀请和要约
    C. 要约邀请和承诺　　　　　　D. 承诺和要约
【答案】B
【解析】要约邀请是希望他人向自己发出要约的意思表示，是当事人订立合同的预备行为。要约是指当事人一方向另一方提出合同条件，希望另一方接受的意思表示。
【出处】《房地产经纪专业基础》（第四版）P260

5. （多选题）房地产交易合同生效的条件有（　　）。
    A. 当事人具有相应的民事行为能力
    B. 意思表示真实
    C. 缴清房地产交易税费
    D. 不违反法律和社会公共利益
    E. 办完房地产登记
【答案】ABD
【解析】合同的生效条件：当事人具有相应的民事行为能力；意思表示真实；不违反

法律、行政法规的强制性规定和社会公共利益。

【出处】《房地产经纪专业基础》(第四版) P261

核心知识点 10：违约责任

违约责任的承担方式主要有：继续履行、采取补救措施、赔偿损失、支付违约金、定金罚则，其中定金是需要我们做好明确的区分，避免理解偏差：

1. 定金的性质和最高数额

《民法典》规定："当事人可以约定一方向对方给付定金作为债权的担保。债务人履行债务的，定金应当抵作价款或者收回。给付定金的一方不履行约定的债务的，无权要求返还定金；收受定金的一方不履行约定债务的或者履行债务不符合约定，致使不能实现合同目的的，应双倍返还定金。"《民法典》规定定金的数额不得超过主合同标的额的 20%，超过的部分无效。

2. 定金与订金的区别

类型	差异
定金	根据《民法典》的规定，应适用定金罚则
订金	无论是卖方违约还是买方违约，收取订金的一方只需如数退还，不存在双倍返还或被守约方没收的问题

与订金类似的还有押金、预订款、诚意金、意向金、保证金、订约金、担保金、留置金等。

3. 定金与违约金的区别

当事人既约定定金又约定违约金的，当一方违约时，对方可以在定金条款和违约金条款两者中选择之一适用。至于是选择定金条款还是选择违约金条款，这一权利属于守约方。

4. 定金责任与赔偿损失的区别

定金责任不以实际发生的损害为前提，定金责任的承担也不能替代赔偿损失。因此，在既有定金条款又有实际损失时，应分别使用定金责任和赔偿损失的责任，两者同时执行。

1.（单选题）违约责任的承担方式不包括（   ）。
    A. 继续履行   B. 赔偿损失
    C. 支付预付款   D. 定金罚则

【答案】C

【解析】违约责任的承担方式主要有继续履行、采取补救措施、赔偿损失、支付违约金、适用定金罚则等。

【出处】《房地产经纪专业基础》(第四版) P264

2.（单选题）当事人既约定定金又约定违约金的，当一方违约时（   ）。

A. 定金责任和违约金责任两者同时执行
B. 优先适用违约金责任
C. 优先适用定金责任
D. 由对方在定金条款和违约金条款两者中选择之一适用

【答案】D

【解析】当事人既约定定金又约定违约金的，当一方违约时，对方可以在定金条款和违约金条款两者中选择之一适用。至于是选择定金条款还是选择违约金条款，这一权利属于守约方。

【出处】《房地产经纪专业基础》（第四版）P266

核心知识点 11：买卖合同与租赁合同

1. 买卖合同

（1）特征：① 有偿合同。② 双务合同。③ 诺成合同。④ 非要式合同。但房地产转让合同，包括房屋买卖合同，是要式合同。

（2）买卖合同当事人的义务

权利人	义务
出卖人	按照约定的期限、质量、数量要求向买受人交付标的物
	按照约定向买受人转移标的物的所有权
	就交付的标的物，保证第三人不得向买受人主张任何权利，但法律另有规定以及买受人订立买卖合同时知道或应当知道第三人对买卖的标的物享有权利的除外
买受人	按照约定的数额、时间、地点向出卖人支付价款
	按照约定及时受领标的物
	按照约定及时检验标的物

2. 租赁合同

（1）特征：① 是转移财产使用、收益权的合同。② 是双务、有偿合同。③ 是诺成合同。

（2）内容和形式：

租赁合同的租赁期限不得超过 20 年，超过 20 年的，超过部分无效。

租赁期限 6 个月以上的，租赁合同应采用书面形式；租赁期限 6 个月以下的，当事人可以选择是采用书面形式还是口头形式，但对于房屋租赁，不论租赁期限长短，均应签订书面租赁合同。

（3）租赁合同的种类

① 不动产租赁合同和动产租赁合同；

② 定期租赁合同和不定期租赁合同；

③ 一般租赁合同和特殊租赁合同。

(4) 租赁合同当事人的义务

权利人	义务
出租人	按照租赁合同约定将租赁物交付承租人
	在租赁期间保持租赁物符合约定的用途
	在租赁物需要维修时在合理期限内进行维修
	出卖已出租房屋的，应当在出卖之前的合理期限内通知承租人，承租人享有以同等条件优先购买的权利
承租人	按照租赁合同约定的期限支付租金
	按照租赁合同约定的方法或租赁物的性质使用租赁物
	妥善保管租赁物，因保管不善造成租赁物毁损、灭失的，应承担损害赔偿责任
	未经出租人同意，不得对租赁物进行改善或增设他物
	未经出租人同意，不得将租赁物转租给第三人
	租赁期间届满，应将租赁物返还出租人

1.（单选题）买卖合同中，不一定由出卖人承担的义务或责任是（　　）。
  A. 未按时交付标的物　　B. 标的物权利有瑕疵
  C. 合同履行期间发生标的物毁损　　D. 标的物的质量有瑕疵
【答案】C
【解析】出卖人的义务：① 按照约定的期限、质量、数量要求向买受人交付标的物；② 按照约定向买受人转移标的物的所有权；③ 就交付的标的物，保证第三人不得向买受人主张任何权利，但法律另有规定以及买受人订立买卖合同时知道或应当知道第三人对买卖的标的物享有权利的除外。
【出处】《房地产经纪专业基础》（第四版）P267

2.（多选题）根据《民法典》，"买卖不破租赁"成立的条件有（　　）。
  A. 租赁合同已成立并生效
  B. 租赁物已交付承租人
  C. 租赁物所有权变动发生在租赁期间
  D. 租赁物所有权人将租赁物所有权让给了第三人
  E. 租赁物买受人知悉该租赁合同的存在
【答案】ABCD
【解析】具体来说，具备以下4个条件，即使买受人不知道该租赁合同存在，租赁关系仍然能够对抗该买受人：① 租赁合同已成立并生效，且该租赁合同成立时租赁物未被司法查封；② 租赁物已交付承租人；③ 所有权发生变动是在租赁期间；④ 出租人或租赁物的所有权人将租赁物的所有权让与了第三人。
【出处】《房地产经纪专业基础》（第四版）P270

核心知识点 12：委托合同和中介合同

1. 委托合同和中介合同：

合同类型	特征	受托人义务	委托人义务
委托合同	1. 是以为委托人处理事务为目的的合同； 2. 委托合同的订立以委托人和受托人之间的相互信任为前提； 3. 是诺成、非要式、双务合同； 4. 既可以是有偿合同，也可以是无偿合同	1. 按照委托人的指示处理委托事务； 2. 亲自处理委托事务； 3. 按照委托人的要求报告委托事务的处理情况； 4. 向委托人转交处理委托事务取得的财产	1. 支付处理委托事务的费用； 2. 向受托人支付报酬

合同类型	特征	中介人义务	委托人义务
中介合同	1. 以促成委托人与第三人订立合同为目的； 2. 中介人在合同关系中处于介绍人的地位； 3. 具有诺成性、双务性、有偿性； 4. 委托人给付报酬义务的履行有不确定性	1. 向委托人如实报告有关订立合同的事项； 2. 促成合同成立的，中介活动的费用由中介人负担	1. 中介人促成合同成立的，按照约定向中介人支付报酬； 2. 中介人未促成合同成立的，按照约定向中介人支付必要费用

2. 中介合同与委托合同的异同

中介合同与委托合同的相同之处：① 都是一方接受他方的委托，并按照他方的指示要求，为他方办理一定事务的合同；② 都属于服务合同，其标的是提供服务，而不是物的交付。

中介合同与委托合同的不同之处主要有：

序号	中介合同	委托合同
1	只是介绍或者协助委托人与第三人订立合同，并不参与委托人与第三人之间的关系	在委托合同中，受托人可以代委托人与第三人订立合同，参与并可以决定委托人与第三人之间的关系内容
2	中介合同是有偿合同，中介人促成合同成立的，可以请求报酬，并且在媒介中介时可以从委托人及其相对人双方取得报酬	委托合同可以是有偿合同，也可以是无偿合同
3	委托人有权自主决定是否承受中介人处理事务的法律后果	受托人处理事务的后果直接归于委托人
4	中介人接受委托的内容限于为委托人报告订约机会或介绍委托人与第三人订约	委托合同中的受托人接受委托的内容是办理委托事务

1.（单选题）关于委托合同的说法错误的是（　　）。
　　A. 委托合同是诺成合同　　B. 委托合同是要式合同
　　C. 委托合同是双务合同　　D. 委托合同可以是无偿合同

【答案】B

【解析】委托合同有以下特征：① 是以为委托人处理事务为目的的合同。② 委托合同的订立以委托人和受托人之间的相互信任为前提。③是诺成、非要式、双务合同。④既可以是有偿合同，也可以是无偿合同。

【出处】《房地产经纪专业基础》（第四版）P271

2.（多选题）中介合同和委托合同都属于服务合同，有一些共同之处，包括（　　）。

A. 受托人和中介人都可以代委托人与第三人订立合同
B. 都是有偿合同
C. 都是一方接受他方的委托，并按照他方的指示要求，为他方办理一定事务的合同
D. 合同标的都是提供服务
E. 受托人和中介人处理事务的后果都直接归于委托人

【答案】CD

【解析】中介合同与委托合同的相同之处：①都是一方接受他方的委托，并按照他方的指示要求，为他方办理一定事务的合同；②都属于服务合同，其标的是提供服务，而不是物的交付。

【出处】《房地产经纪专业基础》（第四版）P275

核心知识点 13：《民法典》婚姻家庭编

1. 夫妻财产制的类型及其适用

夫妻财产制是规定夫妻财产关系的法律制度，包括夫妻婚前财产和婚后财产的归属、管理、适用、收益和处分等内容，其核心是夫妻婚前财产和婚后财产的所有权归属问题。民法典婚姻家庭编规范了夫妻约定财产制、夫妻个人财产制、夫妻共同财产制三类财产关系，其中夫妻个人财产制和夫妻共同财产制为夫妻法定财产制。

夫妻约定财产制和夫妻法定财产制可以同时并用，但只有在对夫妻财产制没有约定或约定不明确的情况下，才适用夫妻法定财产制的规定。

2. 夫妻财产约定应具备下列条件

（1）夫妻双方必须具有完全民事行为能力；
（2）应采用书面形式；
（3）意思表示真实；
（4）约定的内容必须合法。

《民法典》婚姻家庭编规定，夫妻对婚姻关系存续期间所得的财产约定归各自所有，夫或妻一方对外所负的债务，第三人知道夫妻已约定财产归属的，以夫或妻一方所有的财产清偿。

3. 根据民法典婚姻家庭编，为夫妻一方所有的房地产包括

（1）一方的婚前房地产；
（2）遗嘱或赠与合同中确定只归夫或妻一方的房地产。

4. 夫妻共同财产制的主要内容

根据民法典婚姻家庭编，除夫妻之间有书面约定及依法应为夫妻一方所有的房地产外，夫妻在婚姻关系存续期间所得的房地产，归夫妻共同共有，包括因继承或受赠所得的房地产。

5. 司法解释对夫妻财产制的规定

（1）结婚前，父母为双方购置房屋出资的，该出资应当认定为对自己子女个人的赠与，但父母明确表示赠与双方的除外。

（2）结婚后，父母为双方购置房屋出资的，依照约定处理；没有约定或者约定不明确的，按照以下规定处理，夫妻在婚姻关系存续期间继承或者受赠的财产，为夫妻的共同财产，归夫妻共同所有，但遗嘱或者赠与合同中确定只归一方的财产，为夫妻一方的个人财产。

（3）由一方婚前承租、婚后用共同财产购买的房屋，登记在一方名下的，应当认定为夫妻共同财产。

（4）《民法典》规定属于夫妻一方的个人财产，不因婚姻关系的延续而转化为夫妻共同财产。但当事人另有约定的除外。

（5）夫妻一方婚前签订房屋买卖合同，以个人财产支付首付款并在银行贷款，婚后用夫妻共同财产还贷，房屋登记在首付款支付方名下的，离婚时该房屋由双方协议处理；如果双方不能达成协议的，人民法院可以判决该房屋归产权登记一方，尚未归还的贷款为产权登记一方的个人债务，双方婚后共同还贷支付的款项及其对应财产增值部分，离婚时应根据照顾子女、女方和无过错方权益的原则，由产权登记一方对另一方进行补偿。

1.（单选题）夫妻财产制的核心是（   ）。
A. 夫妻财产的所有权归属问题 B. 夫妻财产的处分问题
C. 夫妻财产的收益问题 D. 夫妻财产的使用问题

【答案】A

【解析】夫妻财产制其核心是夫妻婚前财产和婚后财产的所有权归属问题。

【出处】《房地产经纪专业基础》（第四版）P275

2.（单选题）关于夫妻约定财产制的前提说法错误的是（   ）。
A. 主体必须是完全民事行为能力人 B. 约定可以采用口头形式
C. 当事人意思表示真实 D. 约定的内容必须合法

【答案】B

【解析】夫妻财产约定应具备下列条件：夫妻双方必须具有完全民事行为能力；约定应当采用书面形式；意思表示真实；内容必须合法，不得规避法律或损害国家、集体和他人的合法利益。

【出处】《房地产经纪专业基础》（第四版）P276

核心知识点14：《民法典》继承编

遗产继承的顺序：

1. 在法定继承、遗嘱继承、遗赠、遗赠扶养协议之间，遗产处理的先后顺序是：遗赠扶养协议→遗嘱继承或遗赠→法定继承。

2. 法定继承人的范围和顺序为：第一顺序：配偶、子女、父母，对公、婆尽了主要赡养义务的丧偶儿媳，对岳父、岳母尽了主要赡养义务的丧偶女婿；第二顺序：兄弟姐妹，祖父母，外祖父母。继承开始后，由第一顺序继承人继承，第二顺序继承人不继承，或没有第一顺序继承人继承的，由第二顺序继承人继承。

1．（单选题）法定的遗产继承第一顺序为（　　）。
   A．配偶、子女　　　　　　　　　B．兄弟姐妹
   C．祖父母　　　　　　　　　　　D．外祖父母
【答案】A
【解析】第一顺序为配偶、子女、父母；丧偶儿媳对公婆，丧偶女婿对岳父母，尽了主要赡养义务的，作为第一顺序继承人。
【出处】《房地产经纪专业基础》（第四版）P279

2．（多选题）下列继承顺序中，正确的有（　　）。
   A．遗赠抚养协议先于遗嘱继承　　B．第一顺序继承人先于第二顺序继承人
   C．遗赠先于法定继承　　　　　　D．遗赠先于遗赠抚养协议
   E．法定继承先于遗赠抚养协议
【答案】ABC
【解析】遗产处理的先后顺序是遗赠扶养协议、遗嘱继承或遗赠、法定继承，即优先考虑遗赠扶养协议，其次考虑遗嘱继承或遗赠，最后考虑法定继承。
【出处】《房地产经纪专业基础》（第四版）P279

【真题实测】

一、单选题（每个备选答案中只有一个最符合题意）

1．下列法律关系中，不属于民事法律调整范围的是（　　）。
   A．征收法律关系　　　　　　　　B．债权债务关系
   C．继承法律关系　　　　　　　　D．婚姻法律关系

2．下列房地产权利中，不属于物权的是（　　）。
   A．房屋抵押权　　　　　　　　　B．房屋所有权
   C．房屋承租权　　　　　　　　　D．建设用地使用权

3．下列出租人出售房屋的情形中，人民法院可以支持承租人主张在同等条件下优先购买权的是（　　）。
   A．出售给出租人的共有人
   B．出售给出租人的父亲
   C．出售给善意第三人并办理了转移登记
   D．出售给出租人的未婚夫

4．下列合同中，属于非要式合同的是（　　）。
   A．委托合同　　　　　　　　　　B．房屋抵押合同
   C．房屋租赁合同　　　　　　　　D．房屋买卖合同

二、多选题（每个备选答案中有两个或两个以上符合题意）

5．根据民法典物权编，住宅小区内属于全体业主共有的有（　　）。
   A．建筑物专有部分以外的楼道　　B．建筑区划内的城镇公共道路

C. 小区内的绿地　　　　　　　　D. 小区内的物业服务用房
E. 已出售给业主的地下车库车位

6. 在房屋租赁双方没有特别约定的情况下，房屋承租人的义务应包括（　　）。
   A. 按时足额支付房租　　　　　B. 缴纳房产税
   C. 按约使用，妥善保管房屋　　D. 租赁期满及时腾退房屋
   E. 对房屋进行大规模修缮

【真题实测答案】

1.【答案】A
【解析】民事法律关系是平等主体之间的权利和义务关系。根据权利义务所涉及的内容性质的不同，民事法律关系分为两大类，一是人身关系，二是财产关系。人身法律关系包含继承关系、婚姻关系等；财产关系包含物权关系、债权关系等。征收属于行政法律行为。
【出处】《房地产经纪专业基础》（第四版）P237

2.【答案】C
【解析】物权是指权利人在法律规定的范围内对一定的物享有直接支配并排除他人干涉的权利，包括所有权、用益物权和担保物权。其中房屋所有权、建设用地使用权属于不动产物权；抵押权、建设用地使用权属于他物权。租赁权属于债权。
【出处】《房地产经纪专业基础》（第四版）P249

3.【答案】D
【解析】有下列情形之一，承租人主张优先购买房屋的，人民法院不予支持：① 房屋共有人行使优先购买权的；② 出租人将房屋出卖给近亲属，包括配偶、父母、子女、兄弟姐妹、祖父母、外祖父母、孙子女、外孙子女的；③ 出租人履行通知义务后，承租人在 15 日内未明确表示购买的；④ 第三人善意购买已出租房屋并已办理转移登记手续的。
【出处】《房地产经纪专业基础》（第四版）P269

4.【答案】A
【解析】要式合同是指需要采用特定形式才能成立的合同。非要式合同是指不需要采用特定形式就能成立的合同。房地产转让合同（包括房屋买卖合同）、房屋租赁合同、房地产抵押合同均是要式合同。
【出处】《房地产经纪专业基础》（第四版）P259

5.【答案】ACD
【解析】建筑区规划内的道路属于业主共有，但属于城镇公共道路的除外。建筑区划内的绿地，属于业主共有。
【出处】《房地产经纪专业基础》（第四版）P254

6.【答案】ACD
【解析】承租人的义务：① 按照租赁合同约定的期限支付租金。② 按照租赁合同约定的方法或租赁物的性质使用租赁物。③ 妥善保管租赁物，因保管不善造成租赁物毁损、灭失的，应承担损害赔偿责任。④ 未经出租人同意，不得对租赁物进行改善或增设他物。

⑤ 未经出租人同意，不得将租赁物转租给第三人。⑥ 租赁期间届满，应将租赁物返还出租人。

【出处】《房地产经纪专业基础》（第四版）P270

【章节小测】

一、单选题（每个备选答案中只有一个最符合题意）

1. 某房屋为甲乙夫妻共有，甲于多年前离家出走，一直无法联系，据说已去世，但无确切证据，因此无法出具死亡证明。现乙欲将房屋出售，为此，乙向人民法院申请宣告甲死亡，在人民法院作出了甲的死亡宣告判决后，乙将房屋出售给丙。一年后，甲重新出现，则（   ）。
   A. 甲无权要求任何补偿
   B. 乙应给予甲适当补偿
   C. 丙应给予甲适当补偿
   D. 丙应返还房屋

2. 甲与乙房地产经纪机构签订了房地产经纪服务合同，委托乙出售其房产；乙带丙实地看房后，以甲的名义额外收取丙3万元定金并出具收条，乙的这种行为属于（   ）。
   A. 没有代理权的无权代理
   B. 超越代理权的无权代理
   C. 代理权终止后的无权代理
   D. 转委托代理

3. 当债权的标的物被第三人占有时，无论该第三人的占有是否合法，债权人均不能向第三人请求返还，说明债权不具有（   ）。
   A. 排他效力
   B. 优先效力
   C. 追及效力
   D. 请求效力

4. 关于房屋租赁合同形式的说法，正确的是（   ）。
   A. 租赁期限6个月以下的不签订书面合同
   B. 租赁期限6个月以上的才需要签订书面合同
   C. 无论租赁期限多长均应签订书面合同
   D. 当事人根据需要自定是否签订书面合同

5. 在高女士与冯先生的离婚诉讼期间，高女士继承了其父母的一套房产，但是没有合同约定房产权属，则该房产归（   ）所有。
   A. 高女士
   B. 冯先生
   C. 高女士和冯先生共同
   D. 将由法院判决所有权

6. 根据民法典合同编，出租人可以单方面解除租赁合同的情形不包括（   ）。
   A. 承担人未经出租人同意将租赁房屋转租
   B. 不定期租赁，未提前通知承租人
   C. 承租人未按照合同约定使用租赁物，致使租赁物受损
   D. 承租人无正当理由迟延支付租金

7. 王女士在与张先生结婚之前购买了一套住房，且婚后没有书面约定房产所属，则该住房归（   ）所有。
   A. 王女士
   B. 张先生
   C. 王女士和张先生共同
   D. 将由法院判决所有权

二、多选题（每个备选答案中有两个或两个以上符合题意）

8. 《民法典》规定民事法律行为无效的情况有（　　）。
   A. 无民事行为能力人实施的
   B. 行为人以虚假意思表示实施的
   C. 以口头形式约定的
   D. 损害他人合法权益的
   E. 违背公序良俗的

9. 关于中介合同与委托合同的说法，正确的有（　　）。
   A. 中介合同中的中介人可以代委托人与第三人订立合同
   B. 委托合同中的受托人可以代委托人与第三人订立合同
   C. 中介合同是有偿合同
   D. 委托合同可能是无偿合同
   E. 委托合同中，受托人处理事务的后果直接归于委托人

10. 中介合同中，中介人向委托人提供订立买卖合同、租赁合同的媒介服务，这种媒介服务包括（　　）。
    A. 报告订立合同的机会
    B. 在委托人与第三人之间传达对方意思
    C. 促成委托人与第三人订立合同
    D. 向委托人收取中介费用
    E. 代委托人与第三人订立合同

【章节小测答案】

1. 【答案】B
【解析】被撤销死亡宣告的人有权请求依照民法典取得其财产的民事主体返还财产；无法返还的，应当给予适当补偿。
【出处】《房地产经纪专业基础》（第四版）P241

2. 【答案】B
【解析】超越代理权的无权代理，即行为人与被代理人之间存在代理关系，行为人有一定的代理权，但其实施的代理行为超出了代理范围的代理。本例中，乙的这种收取定金行为属于超越代理权的无权代理。
【出处】《房地产经纪专业基础》（第四版）P246

3. 【答案】C
【解析】债权没有追及效力，当债权的标的物被第三人占有时，无论该第三人的占有是否合法，债权人均不能向第三人请求返还。
【出处】《房地产经纪专业基础》（第四版）P251

4. 【答案】C
【解析】不论房屋租赁期限长短，即使6个月以下的，均应签订书面租赁合同。
【出处】《房地产经纪专业基础》（第四版）P269

5. 【答案】C
【解析】根据民法典婚姻家庭编，除夫妻之间有书面约定及依法应为夫妻一方所有的房地产外，夫妻在婚姻关系存续期间所得的房地产，归夫妻共同共有，包括因继承或受赠所得的房地产。
【出处】《房地产经纪专业基础》（第四版）P277

6.【答案】B

【解析】出租人可以解除租赁合同的情形有：① 承租人未按照租赁合同约定的方法或租赁物的性质使用租赁物，致使租赁物受到损失的；② 承租人未经出租人同意转租的；③ 承租人无正当理由未支付或迟延支付租金，经催告后在合理期限内仍不支付租金的；④ 不定期租赁的出租人可以随时解除租赁合同，但应在合理期限之前通知承租人。

【出处】《房地产经纪专业基础》（第四版）P270

7.【答案】A

【解析】根据民法典婚姻家庭编，夫妻一方所有的房地产包括：① 一方的婚前房地产。婚前房地产是指一方于婚姻登记前，购买并登记于自己一人名下的房地产。② 遗嘱或赠与合同中确定只归夫或妻一方的房地产。

【出处】《房地产经纪专业基础》（第四版）P277

8.【答案】ABDE

【解析】《民法典》规定下列民事法律行为无效：① 无民事行为能力人实施的；② 行为人与相对人以虚假的意思表示实施的；③ 行为人与相对人恶意串通，损害他人合法权益的；④ 违反法律、行政法规的强制性规定的；⑤ 违背公序良俗的。

【出处】《房地产经纪专业基础》（第四版）P244

9.【答案】BCDE

【解析】在中介合同中，中介人只是介绍或协助委托人与第三人订立合同，并不参与委托人与第三人之间的关系，即不能代委托人与第三人签订合同。

【出处】《房地产经纪专业基础》（第四版）P275

10.【答案】ABC

【解析】提供订立合同的媒介服务是指中介人不仅要向委托人报告订立合同的机会，还要进一步在委托人与第三人之间传达对方意思，从中斡旋，努力促成委托人与第三人订立合同。

【出处】《房地产经纪专业基础》（第四版）P273

第十章 消费心理与营销心理

【章节导引】

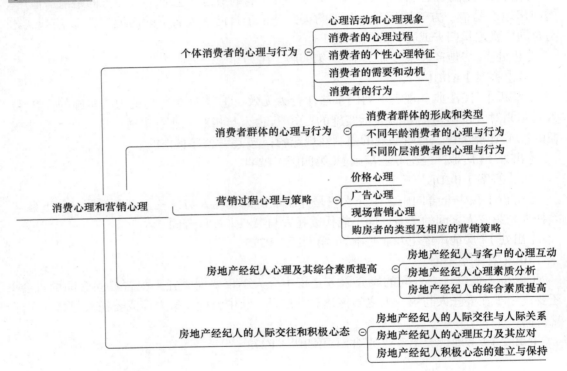

【章节核心知识点】

核心知识点1：消费者的心理过程

1. 消费者的认知过程

各种消费心理和消费行为现象，包括消费动机的产生、消费态度的形成、购买过程中的比选等，都是以消费者对商品的认知过程为先导。

消费者认知	概念	作用
感觉	感觉主要有视觉、听觉、嗅觉、味觉和触觉	（1）除使买房或租房客户获得对房屋的第一印象外，房地产经纪人的仪表、经纪门店的内部布置等，也会使客户产生不同的感觉； （2）不同的客体刺激对同一个人会引发不同的感觉，相同的客体刺激对不同的人所引发的感觉有所不同，应针对不同类型的客户发出不同强度的刺激信号

续表

消费者认知	概念	作用
知觉	知觉是在感觉的基础上形成的,是反映客观事物的整体形象和表面联系的心理过程	选择性、整体性、理解性、恒常性
记忆	记忆是人对以往经验的识记、保持、再认和回忆	①记忆影响消费者的购买决策;②记忆规律影响商品宣传效果;③营销活动可以加强消费者的记忆;④通过加深理解提高记忆效果;⑤情绪对记忆产生影响;⑥度重复能加深消费者对商品的印象
思维	思维是更复杂、更高级的心理活动。只有通过思维,才能获得对事物的本质属性、内在联系和发展规律的认识。 思维的特点:独立性差异、灵活性差异、敏感性差异、创造性差异	思维和语言有着密切联系,因此,营销人员得体的话语会拉近与消费者的距离,使营销活动取得较好效果
想象	想象和思维一样,是一种高级的心理活动	(1)引发消费者正面和美好的想象,推动消费者的购买行为; (2)培养营销人员丰富的想象力

2. 消费者的情绪过程

消费者的情绪具有短暂性和不稳定性的特点,并带有憧憬性和冲动性。在购买活动中,消费者的情绪产生及变化,主要受以下因素的影响:

(1)商品的属性;

(2)消费者的心理准备状态:需求水平越高,购买动机越强烈;

(3)消费者的个性特征:包括购买能力、性格特征和气质类型;

(4)购买环境:购物场所舒适优雅,消费者会产生愉快、满意的情绪,反之是否定情绪;

(5)营销人员的表情和态度。

3. 消费者的意志过程

消费者在购买活动中的意志过程是消费者有目的、自觉地支配和调节自己的行动,克服种种困难,实现预定购买目标的心理过程。

4. 消费者的注意

根据有无预定目标和意志努力程度,注意分为无意注意和有意注意。有意注意是指有预定目标,并经过意志努力的注意,如购房者带着一定的购房要求(如拟购住房的区位、价位、户型、新旧等),在众多的房源信息中选择自己想要购买的,就属于有意注意。

1. (单选题)好的商品广告名称、外观会让商品信息给消费者留下深刻印象,这属于( )的作用。

A. 消费者的感觉
B. 消费者的知觉
C. 消费者的记忆
D. 消费者的思维

【答案】C

【解析】记忆在消费者和营销活动中的作用主要之一在于:记忆可以影响消费者的购买决策,题干则属于这个范畴。

【出处】《房地产经纪专业基础》(第四版)P286

核心知识点 2：消费者的个性心理特征

1. 消费者性格的类型

（1）根据个体心理活动的倾向性，可将性格分为外向型和内向型。

外向型：爱交际且善交际、活泼、开朗，当机立断，独立性强，容易适应环境的变化，但轻率、易变。

内向型：处事谨慎，深思熟虑，寡言少语，较难适应环境的变化，一旦下定决心办某件事，总能锲而不舍。

（2）根据理智、情绪、意志三者在性格结构中所占的优势，可将性格分为理智型、情绪型和意志型。

（3）根据个体独立性的程度，可将性格分为顺从型和独立型。

顺从型：独立性一般较差，倾向于以外在参照物作为信息加工的依据，易受暗示，通常不加批判地接受别人的意见，习惯于按照别人的意见（要求）办事。

独立型：不易受外来事物的干扰，具有坚定的信念，能独立地判断事物、发现问题、解决问题，在紧急情况下不慌张，能充分发挥自己的力量，但容易固执己见，甚至喜欢把自己的意见强加给别人。

2. 消费者的气质

有些人活泼、直爽、浮躁，有些人沉静、稳重。每种气质类型既有积极的一面，也有消极的一面。对于活泼的客户，一般可与其多交谈，不厌其烦地有问必答；对于稳重的客户，应避免过多和过分热情，以免引起他们的反感。

3. 消费者的能力

根据消费者对商品的认知程度，消费者的能力可分为知识型、略知型和无知型。

知识型消费者熟悉商品的有关知识，能识别商品的优劣，挑选商品时比较自信，不易受购买环境的影响。对这类客户，应向其提供有关专业资料，不宜对商品作过多的介绍评论，以免引起其反感，主要工作是回答其提出的问题。

略知型消费者了解商品的有关知识，但不够全面深入，甚至一知半解。对这类客户，应对商品作一些必要的介绍，补充其对商品的认识，增强其购买信心，促成其购买行为。

无知型消费者缺乏商品的必要知识，挑选商品时往往犹豫不决，易受购买环境的影响。对这类客户，应耐心细致地向其介绍商品，打消其购买顾虑，促进其购买行为。

1. （单选题）性格随和、消费观念大众化、受周围环境影响较大的消费者的性格类型是（   ）。

   A. 意志型   B. 顺从型
   C. 独立型   D. 内向型

【答案】B

【解析】顺从型的人，独立性一般较差，倾向于以外在参照物作为信息加工的依据，易受暗示，通常不加批判地接受别人的意见，习惯于参照别人的意见（要求）办事。

【出处】《房地产经纪专业基础》（第四版）P289

核心知识点 3：消费者的需要

1. 需要：需要有以下 3 个特点：① 对象性；② 紧张性；③ 驱动性。
2. 需要的种类和层次：美国心理学家马斯洛把人们的需求按照先后顺序和高低层次分为 5 类，一般来说，只有较低层次的需要得到满足或部分得到满足后，较高层次的需要才有可能产生。

（1）生理需要：这类需要是最原始、最基本的，如果不被满足，就会产生不良后果，甚至有生命危险。在住房方面，对挡风遮雨、保温隔热、隔声等要求，可以说属于这类需要。

（2）安全的需要：希望得到保护和免于威胁从而获得安全感的需要，比如希望避免灾害等对身体的伤害，要求社会治安良好、职业稳定、未来生活有保障等。在住房方面，对房屋防盗、抗震、防火、无污染、私密性、所在居住区治安良好等要求，可以说属于这类需要。

（3）归属和爱的需要：归属和爱的需要包括被别人接纳、爱护、关注、欣赏、鼓励、支持等需要。在住房方面，对所在居住区居民职业、年龄、收入水平以及邻里关系等要求，可以说属于这类需要。

（4）尊重的需要：希望自己有实力、有成就、有荣誉、有地位、有威望，得到他人的赞赏或高度评价等。在住房方面，要求购买或承租的住房及其所在居住区是高档的，甚至愿意花高价购买接近名家住所或名人居住过的住宅，能显示自己的社会地位和身份，令人羡慕等，可以说属于这类需要。

（5）自我实现的需要：自我实现的需要是追求人生存在价值而产生，是希望实现自己的理想和抱负。这时人具有高度的自我意识和社会认知能力，富于创造性，行为具有自发性，能够积极地面对未知和挑战。

1.（单选题）下列关于马斯洛需求理论的说法中，正确的是（　　）。
A. 人的需要有 5 个层次
B. 生理需要是最低层次的需要
C. 尊重需要是最高层次的需要
D. 自我实现需要是最高层次的需要
E. 一种需要得到满足就会失去对行为的支配力

【答案】ABDE
【解析】根据马斯洛需要层次论，人的需要按照先后顺序和高低层次分为：生理的需要、安全的需要、爱与归属的需要、尊重的需要、自我实现的需要。需要层次理论认为，人们通常是先满足较低层次的需要，然后去关注较高层次的需要，只有较低层次的需要得到满足或部分得到满足后，较高层次的需要才有可能产生。当一种需要基本得到满足后，就会失去对动机和行为的支配力量，转而由新的占优势的需要起支配作用。
【出处】《房地产经纪专业基础》（第四版）P292

核心知识点 4：不同年龄消费者的心理与行为

1. 青年消费者的心理与行为

青年消费者一般是指年龄在18岁至40岁的消费者，通常易冲动、易感情用事，独立性和消费潜力较大，消费行为的影响力也较大，是消费潮流的领导者。青年消费者在租购住房等消费中的心理特征：

（1）追求时尚和新颖。

（2）追求科技和实用。

（3）追求自我成熟的表现和消费个性心理的实现。

（4）冲动性多于计划性。青年人在情绪和性格上容易冲动，缺乏理财计划，往往在时尚、新潮的商品面前表现得非常冲动。

2. 中年消费者的心理与行为

中年消费者一般是指年龄在40岁至60岁的消费者，通常在心理上已成熟，自我意识和自我控制能力较强，个性表现较稳定，能有条不紊、理智地分析处理问题。中年消费者在租购住房等消费中的心理特征：

（1）理智性胜于冲动性。

（2）计划性多于盲目性。

（3）追求实用和节俭。

（4）有主见且受外界影响小。

（5）随俗求稳并注重商品的便利。

中年消费者通常是住房改善性需求和投资性需求的主力人群。

3. 老年消费者的心理与行为

老年消费者一般是指年龄在60岁以上的消费者，通常怀旧心理较强烈，追求方便实用，注重购买方便和良好的服务。老年消费者对商品的性能和质量要求较高，特别是要安全和使用方便，如对住房通常要求有电梯或低楼层、无障碍。因此，对于这类购房者，可向其推荐出入方便、购物就医方便、健身设施齐全、环境宁静的房源，并帮助其增强购买信心。

1.（多选题）与中、青年消费者相比，老年消费者的消费心理特征有（　　）。

　　A. 怀旧心理强

　　B. 追求商品的实用性

　　C. 追求商品的新颖性和科技性

　　D. 注重购买方便和良好服务

　　E. 购买的冲动性多于计划性

【答案】ABD

【解析】老年消费者一般是指年龄在60岁以上的消费者，通常怀旧心理较强烈，追求方便实用，注重购买方便和良好的服务。老年消费者对商品的性能和质量要求较高，特别是要安全和使用方便，如对住房通常要求有电梯或低楼层、无障碍。青年消费者群体：（1）追求时尚和新颖。（2）追求科学和实用。（3）追求自我成熟的表现和消费个性心理的实现。（4）冲动性多于计划性。C、E是青年消费者的心理特征。

【出处】《房地产经纪专业基础》（第四版）P299

核心知识点 5：价格心理

1. 商品价格的心理功能

（1）商品价值认知功能：价格往往是消费者衡量商品质量和实际价值的尺度。

（2）自我意识比拟功能：消费者往往会把商品与自己的性格、气质等联系起来，与自己的愿望、兴趣、爱好结合起来。

（3）调节商品需求功能：在其他条件不变的情况下，价格越高，需求量会越小。在预期未来价格涨落的情况下，是买涨不买落的心理。

2. 消费者的价格心理表现

（1）习惯性心理：消费者长期关注、跟踪或多次购买某些商品中，逐渐形成的衡量商品价格的心理。商家应对商品价格的调整采取慎重的态度。

（2）敏感性心理：消费者对商品价格变动的反应强弱程度，是消费者在长期实践中逐渐形成的一种心理价格尺度。

（3）倾向性心理：不同消费者的商品价格倾向有所不同。如高收入的购房人倾向于配套完善的高价商品房，中等收入的购房人倾向于经济实惠、价格适中的商品房。

（4）感受性心理：消费者不仅基于对某商品本身的价格作出决策，还基于该商品与相似商品的价格比较来作出购买决策。房地产经纪人可以将区位相似而价格不同的房源信息整理在一张表格中让购房人比较。在带客看房时，可按照"好差中"的带看顺序。购房人通过对比感受，能较快、较客观地作出购买决策。

3. 消费者对价格的判断因素

（1）消费者的收入水平；

（2）消费者的价格心理；

（3）销售的场所；

（4）商品的功能；

（5）消费者对商品需求的急迫程度。

4. 商品的心理定价策略

（1）高位定价策略：针对价高质优、便宜没好货的心理。

（2）低位定价策略：针对追求经济实惠的心理。

（3）尾数定价策略：定一个零头数结尾的非整数价格。据报道，如果卖家一开始的开价更加精确，如 322 万元而不是 300 万元，最后的成交价反而更高。一是因为精确的数字让人觉得更可信，二是因为精确的数字让人觉得更小。

（4）折扣定价策略：主要适用于新建商品房销售，针对追求物美价廉的心理，激发消费者的购买欲望。

1.（多选题）商品的心理定价策略主要有（　　）。
   A. 分析定价策略　　　　　　B. 高位定价策略
   C. 低位定价策略　　　　　　D. 尾数定价策略
   E. 折扣定价策略

【答案】BCDE

【解析】商品的心理定价方法主要有：高位定价策略、低位定价策略、尾数定价策略和折扣定价策略。

【出处】《房地产经纪专业基础》（第四版）P302

核心知识点 6：购房人的类型及相应的营销策略

1. 成熟理智购房人：经纪人员应该全面客观介绍房屋的优缺点，有关说明应有依据，利用专业知识获得信任，从而增加成交机会；
2. 缺少经验型购房人：切忌让此类消费者产生不安或恐慌，应不厌其烦地向其详细介绍房屋状况，普及购房必须知识，让其对经纪人产生信赖；
3. 犹豫不决型购房人：不宜推荐过多的房屋，要从专业角度筛选较合适的几套房，给出建议，尽快帮助其做出正确的决策；
4. 小心谨慎型购房人：详细介绍房源信息及相关情况，边介绍边询问，可从沟通感情入手，打消戒备，推荐合适房源；
5. 眼光挑剔型购房人：不宜在气势上被压倒，应向他强调房屋的优点和已给的优惠，让他感到现行的购买方案已经是最佳选择，促使其较快做出购房决定。
6. 特殊偏好型购房人：宜根据具体要求，推荐能满足其需要的房屋。

1.（单选题）需要经纪人采取感情共识，一边询问一边介绍来推荐房源的购房者属于（　　）。
　　A. 成熟理智型购房人　　　　　　B. 小心谨慎型购房人
　　C. 犹豫不决型购房人　　　　　　D. 眼光挑剔型购房人

【答案】B

【解析】小心谨慎型购房者一般表情较严肃，对房地产经纪人的询问反应较冷淡，不愿意透露自己的真实想法，自己反复查看经纪门店或售楼处内相关信息。对于这类购房者，要详细介绍房源信息和相关房屋状况，可将问题置入介绍过程中，边介绍边询问，还可从感情沟通入手，通过闲话家常等方式逐步了解其购房需求，消除其戒备心理，向其推荐合适的房源。

【出处】《房地产经纪专业基础》（第四版）P306

核心知识点 7：房地产经纪人的心理压力及其应对

1. 从房地产经纪人群体来说，当前的心理压力主要来自下列 7 个方面
（1）社会方面的压力。房地产经纪人的社会地位不高、社会形象欠佳。
（2）行业方面的压力。当前房地产经纪行业内普遍采取"人海战术"，房地产经纪机构多，大量开店、招人，而房源、客源相对有限，导致同行甚至同事之间竞争激烈，人均成交量很低。
（3）公司方面的压力。当前许多房地产经纪机构在用人和薪酬制度上采取"低底薪、高提成，不开单、就走人"的做法，造成房地产经纪人的底薪较低甚至没有底薪，主要靠

业绩提成，在一定时间内必须完成一定的业绩指标。

（4）客户方面的压力。房地产经纪人要与很多不同的人打交道，其中不乏难以相处甚至素质不高、蛮不讲理之人，会遭受很多的不信任和拒绝。

（5）亲友方面的压力。房地产经纪人每天的工作时间长，即使是节假日也难以休息，往往越是节假日越忙，导致与亲友联系少、沟通少，缺乏应有的感情交流。

（6）自己身体方面的压力。房地产经纪人由于要走街串巷搜集房源、电话开发客户、带领客户看房等，工作强度较大。

（7）市场波动方面的压力。房地产成交量时常变化且波动幅度较大，房地产经纪人的成交业绩受其影响而很不稳定，甚至有"饱一顿饿一顿"之说。

2. 房地产经纪人心理压力的应对

房地产经纪人应努力减轻自己的心理压力，为此要做到下列3点。

（1）不断提高自己的心理承受能力。

一个人的心理承受能力主要与下列3个因素有关。

① 生理因素；② 个性品质；③ 社会经验。

（2）仔细分析自己的心理压力来源。

（3）科学有效减轻自己的心理压力。

遵循以下准则可将心理压力保持在可控水平：① 分清先后——将生活中真正的麻烦事分类。② 事先多考虑如何摆脱麻烦事。③ 尽可能地与朋友、同事倾诉烦恼。④ 发展和培养一个社交网和朋友圈。⑤ 有规律地进行体育运动。⑥ 经常奖励自己积极的想法、态度和行为。⑦ 自我反省、扬长避短。⑧ 考虑问题要从实际出发，采取适当的措施，不钻牛角尖。⑨ 看问题要客观公正。⑩ 不要苛求自己，不要对过去的错误或不足耿耿于怀。⑪ 要相信总会有人愿意并有能力帮助自己，可以向自己信任的朋友、同事或前辈寻求帮助，或接受他们的帮助，不要拒绝从他们的经验中受益。⑫ 每周或每天给自己留些时间休息或放松，休闲或娱乐，充裕的用餐时间，比如花点时间与亲朋好友享受有益身心的活动。⑬ 让每天的生活都有些新的小的变化。⑭ 学会委托别人做事。⑮ 仔细倾听周围的一切。⑯ 享受人生，并与家人、朋友分享。

1. （多选题）房地产经纪人消除心理压力的措施有（　　）。
   A. 发展和培养一个社交网和朋友圈
   B. 每天有计划地生活，尽量减少生活中的变化
   C. 自我反省，扬长避短
   D. 凡事靠自己，遇到困难自己想办法解决
   E. 看问题要客观公正

【答案】ACE

【解析】经纪人应对压力可遵循的包括让每天生活都有些新的小的变化、要相信总会有人愿意并有能力帮助自己，可以向自己信任的朋友、同事、师长寻求帮助等16项准则，BD两项违反所述两点。

【出处】《房地产经纪专业基础》（第四版）P316

【真题实测】

一、单选题（每个备选答案中只有一个最符合题意）

1. 房地产经纪人在带客户分别看"好－中－差"三套房屋时，采用了"好－差－中"的顺序，其利用的客户价格心理表现是（　　）。
   A. 敏感性心理　　　　　　　　B. 习惯性心理
   C. 感受性心理　　　　　　　　D. 倾向性心理

2. 房地产经纪人员的心理素质结构不包括（　　）。
   A. 认知过程　　　　　　　　　B. 知识储备
   C. 外在形象　　　　　　　　　D. 自我调控

3. 房地产经纪人员要建立积极心态，正确的做法是（　　）。
   A. 固执　　　　　　　　　　　B. 回避挑战
   C. 乐观　　　　　　　　　　　D. 推卸责任

4. 房地产经纪门店为客户配备舒适的沙发，提供热茶和糕点。从客户情绪过程来看，该做法关注的是（　　）。
   A. 经纪人的表情和态度　　　　B. 客户的购物环境
   C. 商品的属性　　　　　　　　D. 客户的个性特征

5. 根据现场营销心理过程，房地产经纪人员在"观察到客户购买意图"和"促进客户成交"之间，一般应按先后顺序完成的营销阶段是（　　）。
   A. 诱发客户兴趣和联想，强化房屋综合印象，了解客户购买目标
   B. 了解客户购买目标，强化房屋综合印象，诱发客户兴趣和联想
   C. 强化房屋综合印象，了解客户购买目标，诱发客户兴趣和联想
   D. 了解客户购买目标，诱发客户兴趣和联想，强化房屋综合印象

二、多选题（每个备选答案中有两个或两个以上符合题意）

6. 下列房地产营销方案中，采用折扣定价策略的有（　　）。
   A. 200m² 大平层，最低 198 万元起
   B. 购房人如果不贷款，享 88 折优惠
   C. 开盘 10 日内交定金给予 99 折优惠
   D. 业主因出国，低价出售
   E. 挂牌单价 6999 元/m²

7. 根据马斯洛的层次需要理论，下列对住房的要求中，属于满足了尊重的需要的有（　　）。
   A. 能保温隔热　　　　　　　　B. 能抗震、防火
   C. 能令人羡慕　　　　　　　　D. 能显示社会地位
   E. 邻里关系和睦

【真题实测答案】

1.【答案】C
【解析】好、中、差三套房的带看顺序利用了消费者对商品价格高低的感知强弱程度。

属于感受性心理。即消费者通常不仅基于对某一商品自身的价格是否可接受来作出购买决策，还基于该商品与相似商品的价格比较来作出购买决策。

【出处】《房地产经纪专业基础》（第四版）P301

2.【答案】C

【解析】房地产经纪人员的心理素质结构包括：认知过程、思维方式、知识储备、人际关系、自我调控。

【出处】《房地产经纪专业基础》（第四版）P309

3.【答案】C

【解析】积极心态就是积极、乐观、向上的心理状态，是房地产经纪人对待自己、客户等其他人或事物所表现出的积极、正向、主动的心理倾向。

【出处】《房地产经纪专业基础》（第四版）P317

4.【答案】B

【解析】销售场所的设施、温度、照明、色彩、气味、音响等，都是导致消费者情绪变化的因素。如果销售场所舒适优雅，消费者会产生愉快、满意的情绪，反之会产生否定的情绪，属于客户对购物环境的关注。

【出处】《房地产经纪专业基础》（第四版）P288

5.【答案】D

【解析】现场营销一般经过五个阶段：①观察消费者的购买意图；②了解消费者的购买目标；③诱发消费者的兴趣和联想；④强化消费者对商品的综合印象；⑤促进消费者采取购买行为。

【出处】《房地产经纪专业基础》（第四版）P305

6.【答案】BC

【解析】折扣定价策略主要适用于新建商品房销售，是针对追求物美价廉的心理，为激发消费者的购买欲望和进行促销，价格定得不低或偏高，同时对符合一定条件的给予价格折扣优惠。

【出处】《房地产经纪专业基础》（第四版）P303

7.【答案】CD

【解析】尊重的需要主要表现为希望自己有实力、有成就、有荣誉、有地位、有威望，得到他人的赞赏或高度评价等。在住房方面，要求购买或承租的住房及其所在居住区是高档的，甚至愿意花高价购买接近名家住所或名人居住过的住宅，能显示自己的社会地位和身份，令人羡慕等，可以说属于这类需要。

【出处】《房地产经纪专业基础》（第四版）P292

【章节小测】

一、单选题（每个备选答案中只有一个最符合题意）

1. 对于经纪人所面临的心理压力，不建议采用的应对方式有（　　）。
   A. 不断提高自己的心理承受能力　　B. 仔细分析自己的心理压力来源
   C. 科学有效减轻自己的心理压力　　D. 放任情绪，任其自然消化

2. 在与客户沟通时切忌把过多生僻难懂的专业术语硬塞给客户，让其感到压力，这

属于对经纪人的（　　）要求。
  A. 关心客户需求   B. 掌握必要交谈技巧
  C. 培养个人说服能力   D. 增加个人幽默感

3. 按照马斯洛的需要层次论，人的最高层次需要是（　　）。
  A. 安全需要   B. 爱与归属需要
  C. 尊重需要   D. 自我实现需要

4. 表现房地产经纪人员个性心理特征的核心是（　　）。
  A. 信念   B. 气质
  C. 能力   D. 性格

5. 购房者在选择住房时，眼观房间的大小、采光、环境，耳听房间的隔声，鼻闻房间的气味等，形成对住房个别特性的感觉，在此基础上综合评价其舒适度、性价比等，得出对该住房的整体印象，即是（　　）。
  A. 听觉   B. 知觉
  C. 嗅觉   D. 视觉

6. 冯女士在购买婚房，在看完房源后排除另外两套，直接决定购买并签署房屋买卖合同，这反映了（　　）对购买本身的影响。
  A. 消费者的注意   B. 消费者的意志
  C. 消费者的情绪   D. 消费者的想象

7. 针对有买房的意向，但是拿不定主意的客户，经纪人应该采取的应对方式是（　　）。
  A. 详细介绍房源状况，打感情牌
  B. 普及购房知识，让其产生依赖
  C. 专业角度筛选几套适合房源，给出建议，辅助决策
  D. 强调房屋优点和优惠政策

8. 客户的个性心理特征中，对购买行为起着核心作用的是（　　）。
  A. 信念   B. 性格
  C. 气质   D. 能力

9. 李某给人感觉干任何事，都有十分明确的目标，且积极主动、持久而坚定，从这些表现来看，李某的性格倾向属于（　　）。
  A. 理智型   B. 情绪性
  C. 意志型   D. 理智情绪复合型

二、多选题（每个备选答案中有两个或两个以上符合题意）

10. 下列属于房地产现场营销心理分析的是（　　）。
  A. 观察消费者的购买意图   B. 诱发消费者的兴趣和联想
  C. 了解消费者的购买目标   D. 了解消费者的实际预算
  E. 促进消费者采取购买行为

【章节小测答案】

1.【答案】D

第十章 消费心理与营销心理 133

【解析】房地产经纪人应努力减轻自己的心理压力，为此要做到下列 3 点：① 不断提高自己的心理承受能力；② 仔细分析自己的心理压力来源；③ 科学有效减轻自己的心理压力。
【出处】《房地产经纪专业基础》（第四版）P315

2.【答案】B
【解析】掌握必要的交谈技巧常见的要点有：微笑面对、目光接触、真诚关心、从否定回答中找到突破口等。不应把过多的枯燥无味的业务话题、生僻难懂的专业术语硬塞给客户，使客户产生厌倦甚至反感心理。
【出处】《房地产经纪专业基础》（第四版）P311

3.【答案】D
【解析】根据马斯洛的需要层次理论图示可知，最高层次需要为自我实现的需要。
【出处】《房地产经纪专业基础》（第四版）P292

4.【答案】D
【解析】个性心理特征是某个人的心理过程中经常和稳定地带有个体倾向性的精神面貌，主要表现在性格、气质、能力三个方面，其中以性格为核心。
【出处】《房地产经纪专业基础》（第四版）P283

5.【答案】B
【解析】消费者在实地看房时，眼观房屋的环境景观、户型布局、房间大小、采光、日照、新旧程度等，耳听室内外声音、房屋隔声等，鼻闻室内外气味等，形成对房屋个别特性的感觉，在此基础上综合评价其适用性、舒适度、性价比、美观程度等，得出对该房屋的整体印象，即是知觉。
【出处】《房地产经纪专业基础》（第四版）P284

6.【答案】B
【解析】消费者自觉地排除和克服各种干扰因素的困扰，顺利完成购买活动属于消费者在购买活动中意志过程的第二阶段。
【出处】《房地产经纪专业基础》（第四版）P288

7.【答案】C
【解析】购买意向强烈，但拿不定主意的客户属于犹豫不决型客户，对于这类购房者，不宜推荐过多的房源供其选择，而主要从专业角度帮助其筛选较合适的几套房，并给出自己的建议，尽快帮助其作出恰当的决策。
【出处】《房地产经纪专业基础》（第四版）P306

8.【答案】B
【解析】个性心理特征是某个人的心理过程中经常和稳定地带有个体倾向性的精神面貌，主要表现在性格、气质、能力三个方面，其中以性格为核心。
【出处】《房地产经纪专业基础》（第四版）P289

9.【答案】C
【解析】意志型性格的人，行动目标明确、积极主动，具有果断、自制、持久而坚定的特性。
【出处】《房地产经纪专业基础》（第四版）P289

10.【答案】ABCE

【解析】现场营销的心理过程是营销人员了解和推动消费者给购买商品的心理过程，一般经过以下几个阶段：观察消费者的购买意图、了解消费者的购买目标、诱导消费者的兴趣和联想；强化消费者对商品的综合印象、促进消费者采取购买行为。

【出处】《房地产经纪专业基础》（第四版）P305

房地产经纪专业基础模拟卷（一）

一、**单项选择题**（共50题，每题1分。每题的备选答案中只有1个最符合题意）

1. 连接两地之间的道路长度的距离是（　　）。
   A. 空间直线距离　　　　　　　　B. 同行效率距离
   C. 交通路线距离　　　　　　　　D. 交通时间距离
2. 存量房买卖中依据的面积一般是（　　）。
   A. 预测面积　　　　　　　　　　B. 实测面积
   C. 合同约定面积　　　　　　　　D. 产权登记面积
3. 《住宅设计规范》GB 50096—2011规定，住宅层高宜为（　　）。
   A. 2.20　　　　　　　　　　　　B. 2.40
   C. 2.80　　　　　　　　　　　　D. 3.0
4. 在建筑平面图中，能够表示房屋最高层的平面布置的图是（　　）。
   A. 底层平面图　　　　　　　　　B. 标准层平面图
   C. 顶层平面图　　　　　　　　　D. 屋顶平面图
5. 住宅中，高层住宅是（　　）。
   A. 1～3层　　　　　　　　　　　B. 4～6层
   C. 7～9层　　　　　　　　　　　D. 10层以上
6. 下列住宅性能评定内容中，不属于住宅安全性能评定的是（　　）。
   A. 结构安全　　　　　　　　　　B. 智能化系统
   C. 建筑防火　　　　　　　　　　D. 室内污染物控制
7. 砖混结构房屋的总层数一般在（　　）层以下。
   A. 2　　　　　　　　　　　　　　B. 3
   C. 6　　　　　　　　　　　　　　D. 8
8. 普通建筑物或构筑物的建筑设计使用年限为（　　）。
   A. 5年　　　　　　　　　　　　　B. 25年
   C. 50年　　　　　　　　　　　　 D. 100年
9. 有利于调整地基的不均匀沉降的基础是（　　）。
   A. 独立基础　　　　　　　　　　B. 筏板基础
   C. 箱形基础　　　　　　　　　　D. 桩基础
10. 直接承受梁、楼板、屋顶等传下来的荷载和自重的墙体是（　　）。
    A. 承重墙　　　　　　　　　　　B. 实体墙
    C. 复合墙　　　　　　　　　　　D. 非承重墙
11. 为提高建筑物整体结构的稳定性，沿建筑物的全部外墙和部分内墙设置的连续封闭梁是（　　）。
　　A．圈梁　　　　　　　　　　B．过梁
　　C．简支梁　　　　　　　　　D．悬臂梁
12．根据建筑材料的化学成分进行分类，水泥属于（　　）。
　　A．无机材料　　　　　　　　B．有机材料
　　C．复合材料　　　　　　　　D．人工材料
13．金属板幕墙的优点是（　　）。
　　A．重量大　　　　　　　　　B．防水、防污性能好
　　C．抗变形能力强　　　　　　D．强度较高
14．为保证和提高住宅室内照明效果，在顶棚装修时对颜色的要求通常是（　　）。
　　A．白色或接近白色的明亮色　B．与墙面同色系且明度相同
　　C．与墙面同色系且明度较低　D．与墙面不同色系且明度较低
15．材料在外力作用下未发生显著变形就突然破坏的性质是（　　）。
　　A．强度　　　　　　　　　　B．脆性
　　C．韧性　　　　　　　　　　D．硬度
16．为了保持建筑物室内温度的稳定性，建筑物的外墙、屋顶应选用（　　）。
　　A．导热性强，热容量较小的建筑材料
　　B．导热性强，热容量较大的建筑材料
　　C．导热性差，热容量较大的建筑材料
　　D．导热性差，热容量较小的建筑材料
17．大城市城区的常住人口的数量为（　　）。
　　A．50万以上100万人以下　　B．100万以上200万人以下
　　C．300万以上400万人以下　 D．100万以上500万人以下
18．目前，发达国家的城市化率普遍达到（　　）。
　　A．60%以上　　　　　　　　B．70%以上
　　C．80%以上　　　　　　　　D．90%以上
19．国家历史文化名城内的历史文化街区的保护范围界线是指（　　）。
　　A．城市蓝线　　　　　　　　B．城市绿线
　　C．城市紫线　　　　　　　　D．城市黄线
20．住宅所在楼幢周边和楼幢内公共空间的环境属于（　　）。
　　A．大环境　　　　　　　　　B．小环境
　　C．微环境　　　　　　　　　D．超微环境
21．下列重金属颗粒物污染空气后，对身体危害最严重的是（　　）。
　　A．镉　　　　　　　　　　　B．锌
　　C．铅　　　　　　　　　　　D．汞
22．对骨髓、脾等造血器官有损伤和刺激作用的气态污染物是（　　）。
　　A．硫氧化物　　　　　　　　B．氮氧化物
　　C．一氧化碳　　　　　　　　D．碳氢化合物
23．为了再售出而暂时购买房地产，利用房地产价格涨落变化，以期从价差中获利的

需求，属于房地产需求的（　　）。
A．自用性需求　　　　　　　B．投资性需求
C．投机性需求　　　　　　　D．保值性需求

24．下列关于房地产经纪机构的说法，错误的是（　　）。
A．房地产经纪机构是房地产交易的"中间商"
B．房地产经纪机构可以提供贷款服务
C．房地产经纪机构是房地产市场的参与者
D．房地产经纪机构为房地产交易双方提供房客源信息

25．房地产市场分为现房市场和期房市场的分类依据是（　　）。
A．达成交易与交付使用时间的异同　　B．买卖双方在市场上对价格影响的强弱
C．房地产的交易方式　　　　　　　　D．房地产所处的时间

26．"自用性需求夹杂着投资、投机性需求增加的时期"是房地产市场周期的（　　）阶段。
A．繁荣　　　　　　　　　　B．衰退
C．萧条　　　　　　　　　　D．复苏

27．以下情形中，能引起建筑物功能折旧的为（　　）。
A．地震引起的房屋毁损　　　B．建筑式样过时
C．环境污染　　　　　　　　D．延迟维修的损坏残存

28．现有甲乙两套住宅待售，位于北方某市同一地段的不同小区内，甲所在小区有供暖条件，乙所在小区没有，因此，甲的单价明显高于乙。从折旧角度看，造成乙住宅价格低的原因是乙住宅的（　　）。
A．外部折旧　　　　　　　　B．功能缺乏折旧
C．功能过剩折旧　　　　　　D．功能落后折旧

29．某宗面积为6.25亩的工业用地，容积率为0.80，楼面地价为800元/m^2，随着城区的扩大，按新的规划拟变更为综合用地，容积率为4.00，楼面地价为1200元/m^2，理论上应补交的地价款为（　　）万元。
A．133.33　　　　　　　　　B．166.67
C．666.67　　　　　　　　　D．1733.33

30．一般来说，短期内会导致商品房价格上涨的税收政策是（　　）。
A．减免耕地占用税　　　　　B．减半征收契税
C．增加所得税　　　　　　　D．开征房产税

31．某宗房地产的成交价格为4000元/m^2，卖方缴纳的税费为成交价格的8%，买方缴纳的税费为成交价格的5%。卖方的净得为（　　）元/m^2。
A．3680　　　　　　　　　　B．3800
C．4200　　　　　　　　　　D．4320

32．利用收益法评估房地产价格时，不必考虑的因素是（　　）。
A．房地产未来净收益的大小　　B．房地产收益期限的长短
C．获取净收益的可靠程度　　　D．房地产的开发建设成本

33．区别于自用性需求者，房地产投资性需求者的诉求包括（　　）。

A. 物有所值 B. 持有期间所能获得的租赁收益大小
C. 租金较低 D. 价格较低

34. 李某以抵押贷款方式购买一套住房,若按月等额偿还贷款利息,则月还款额的计算可直接使用( )。
    A. 等额序列终值系数 B. 偿债基金系数
    C. 等额序列现值系数 D. 资金回收系数

35. 下列风险中,属于通货膨胀风险的是( )。
    A. 银行存款利率提高 B. 房地产市场上供给量明显下降
    C. 人民币购买力下降 D. 房地产市场周期进入低谷期

36. 某投资者投资房地产项目,而失去了在相同风险下能带来更大收益的其他受益机会,该投资者将承担( )。
    A. 收益现金流风险 B. 持有期风险
    C. 通货膨胀风险 D. 比较风险

37. 在金融市场上资金供求双方自由竞争所形成的利率属于( )。
    A. 市场利率 B. 公定利率
    C. 基准利率 D. 浮动利率

38. 行政法规的制定主体是( )。
    A. 国家机关 B. 立法机关
    C. 国务院 D. 全国人民代表大会

39. 基本法律的指定部门是( )。
    A. 立法机关 B. 国家机关
    C. 全国人民代表大会 D. 全国人民代表大会常务委员会

40. 消费者享有获得有关消费和消费者权益保护方面的知识的权利体现了消费者的( )。
    A. 公平交易权 B. 真情知悉权
    C. 得到尊重权 D. 获得知识权

41. 新的法律施行后,对它生效之前发生的事实和行为是否适用,体现了法律的( )原则。
    A. 上位法优于下位法 B. 特别法优于一般法
    C. 新法优于旧法 D. 法不溯及既往

42. 下列自然人中,属于限制民事行为能力的是( )。
    A. 张某,1998年12月出生,某大学一年级学生,父母每月给2000元生活费
    B. 唐某,2003年12月出生,孤儿,靠为网络撰稿谋生
    C. 肖某,1993年8月出生,某聋哑学校教师,双腿已截肢
    D. 段某,1994年1月出生,某工厂工人,性格冲动

43. 甲授权乙代理出售房屋,乙因出国的办事,转托给丙出售。在该代理关系中,丙为( )。
    A. 委托人 B. 委托代理人
    C. 被代理人 D. 复代理人

44. 《民法典》规定定金的数额不得超过主合同标的额的（　　）。
   A. 15%　　　　　　　　　　　B. 20%
   C. 25%　　　　　　　　　　　D. 30%

45. 张某以合同价 300 万元购买李某一套住房，根据合同约定，张某支付李某定金 30 万元，违约方应向守约方支付违约金为房价的 15%。后李某违约，张某可要求李某偿还和支付的最高金额为（　　）万元。
   A. 30　　　　　　　　　　　B. 45
   C. 60　　　　　　　　　　　D. 75

46. 李某计划购买 A 小区住宅，到小区现场进行了查勘，下列属于知觉认识范畴的是（　　）。
   A. F 套型房屋舒适度、性价比较高　　B. 查看了 F 套型房屋的大小
   C. 视察了 A 小区的周边环境　　　　D. 耳听了 F 套型房屋的隔声效果

47. 李某计划销售一套自住房，通过市场调研后，按照市场价挂价 138 万元。李某采用的定价策略是（　　）。
   A. 高位定价策略　　　　　　　B. 低位定价策略
   C. 尾数定价策略　　　　　　　D. 折扣定价策略

48. 我国目前处于城市化发展的阶段是（　　）。
   A. 探索阶段　　　　　　　　　B. 初始阶段
   C. 快速阶段　　　　　　　　　D. 成熟阶段

49. 下列关于绿地率和绿化率的说法，错误的是（　　）。
   A. 绿地率是指城市一定地区内各类绿地面积的总和占该地区总面积的比率
   B. 对住宅使用人来说，一般情况下，绿地率越高越好
   C. 绿化率是指全部绿化种植垂直投影面积与占地面积的百分比
   D. 绿化率一般小于绿地率

50. 最能反映住宅用地价格水平高低的指标是（　　）。
   A. 土地总价　　　　　　　　　B. 楼面地价
   C. 住宅总价　　　　　　　　　D. 住宅单价

二、多项选择题（共 20 题，每题 2 分，每题备选答案中有 2 个或 2 个以上符合题意。错选不得分，少选且正确，每个选项得 0.5 分）

51. 下列特性描述中，属于房地产特性的有（　　）。
   A. 各不相同　　　　　　　　　B. 供给有限
   C. 保值增值　　　　　　　　　D. 互不影响
   E. 流动性差

52. 下列特点中，属于高层住宅的优点的有（　　）。
   A. 出入方便　　　　　　　　　B. 火灾发生易逃生
   C. 采光和视野较好　　　　　　D. 噪声较少
   E. 灰尘和蚊虫较少

53. 根据建筑物的使用性质，建筑物分为（　　）。
   A. 砖木结构建筑　　　　　　　B. 钢结构建筑

C. 民用建筑 D. 工业建筑
E. 农业建筑

54. 根据建筑材料的用途，可将建筑材料分为（   ）。
    A. 结构材料 B. 墙体材料
    C. 屋面材料 D. 防水材料
    E. 保温和隔热材料

55. 采用耐久性好的建筑装饰材料，产生的效果有（   ）。
    A. 降低装修成本 B. 降低维修费用
    C. 增加室内环境污染 D. 提高综合经济收益
    E. 延长建筑物使用寿命

56. 根据城市的平面几何形状，可将城市分为（   ）。
    A. 不规则形城市 B. 块状城市
    C. 带状城市 D. 星状城市
    E. 放射形城市

57. 根据城市的道路形态，可将城市分为（   ）。
    A. 棋盘形城市 B. 放射形城市
    C. 单中心城市 D. 多中心城市
    E. 不规则形城市

58. 垄断竞争市场的特征有（   ）。
    A. 卖者和买者都可以自由进入或退出市场
    B. 卖者和买者都较多
    C. 商品或服务有差别
    D. 市场信息较完全
    E. 商品或服务无相近的替代品

59. 下列污染源中，属于移动污染源的有（   ）。
    A. 汽车 B. 烟囱
    C. 飞机 D. 工厂
    E. 轮船

60. 同一房地产对不同的投资者有不同的投资价值，房地产交易能够实现的条件包括（   ）。
    A. 投资者评估的房地产的投资价值大于该房地产的市场价格
    B. 投资者评估的房地产的投资价值等于该房地产的市场价格
    C. 投资者评估的房地产的投资价值小于该房地产的市场价格
    D. 买方最高出价高于卖方最低要价
    E. 买方最高出价低于卖方最低要价

61. 在二手房买卖中，依据有关规定，应全部由卖方负担的税种有（   ）。
    A. 增值税 B. 个人所得税
    C. 印花税 D. 契税
    E. 交易手续费

62. 现有一沿街商铺建筑面积为39m²，需要评估其市场价值。下列沿街商铺交易实例中，适合选为可比实例的有（   ）m²。
    A．同一商业区内，建筑面积为36m²，三年前出售，售价为53万元
    B．同一商业区内，建筑面积为120m²，近期出售，售价为180万元
    C．同一商业区内，建筑面积为45m²，近期出售，售价为72万元
    D．同一商业区内，使用面积为36.55m²，使用面积与建筑面积比率为85%，近期出售，售价为66万元
    E．1km外一居住区内，建筑面积为35m²，近期出售，售价为48万元
63. 下列关于房地产估价方法的描述中，错误的有（   ）。
    A．收益法适用于估价对象是数量较多且容易发生交易的房地产
    B．比较法中选取可比实例主要在于多而不在于精
    C．收益法是以预期原理为基础的
    D．基本所有房地产都可以采用成本法估价
    E．成本法的基本公式是：房地产价格或价值＝房地产重新购建价格－房地产折旧
64. 资金存在时间价值的原因有（   ）。
    A．资金增值   B．资金贬值
    C．机会成本   D．利率因素
    E．通货膨胀
65. 用益物权包括（   ）。
    A．土地承包经营权   B．质权
    C．所有权   D．建设用地使用权
    E．地役权
66. 商品房买卖合同属于（   ）。
    A．诺成合同   B．有偿合同
    C．双务合同   D．实践合同
    E．要式合同
67. 在委托代理中，委托代理人在行使代理权时应（   ）。
    A．遵从委托人的指示   B．亲自处理委托事务
    C．报告委托事务的处理情况 D．向委托人转交处理事务取得的财产
    E．向委托人支付报酬
68. 下列房地产投资项目经济评价指标中，属于动态盈利评价指标的有（   ）。
    A．财务净现值   B．投资利润率
    C．成本利润率   D．财务内部收益率
    E．利息备付率
69. 采用收益法估价时，可能导致估价结果偏高的原因有（   ）。
    A．净收益取值偏高   B．运营费用取值偏高
    C．收益期限长于实际情况   D．报酬率取值偏高
    E．收益逐年增长率取值偏高
70. 房租的构成因素包括（   ）。

A. 地租 B. 房屋折旧费
C. 房地产税 D. 利润
E. 交易税费

71. 下列住宅中，实行市场调节价的有（   ）。
A. 普通商品住房 B. 别墅
C. 公共租赁住房 D. 保障性安居工程住房
E. 经济适用住房

72. 下列属于韧性材料的有（   ）。
A. 砖 B. 陶瓷
C. 钢材 D. 木材
E. 天然石材

73. 具有兼顾耐用、装饰性强、容易清洗等优点的外墙饰面材料有（   ）。
A. 陶瓷锦砖 B. 人造大理石
C. 胶合板 D. 天然大理石
E. 塑料板

74. 根据基础的构造形式，可将基础分为（   ）。
A. 条型基础 B. 独立基础
C. 刚性基础 D. 筏板基础
E. 柔性基础

75. 阅读地形图时需要注意的内容是（   ）。
A. 地物、地貌符号 B. 平面位置和高程
C. 比例尺 D. 测绘日期
E. 基准线

76. 下列选项中，属于房地产特性的有（   ）。
A. 价值较大 B. 寿命长久
C. 易受限制 D. 较难变现
E. 互不影响

77. 住宅环境性能的评定内容有（   ）。
A. 建筑造型 B. 用地与规划
C. 公共服务设施 D. 设施设备
E. 无障碍设施

78. 民事权利中财产权利包括（   ）。
A. 物权 B. 债权
C. 继承权 D. 隐私权
E. 婚姻自主权

79. 下列继承顺序中，正确的有（   ）。
A. 遗赠扶养协议先于遗嘱继承 B. 第一顺序继承人先于第二顺序继承人
C. 遗赠先于法定继承 D. 遗赠先于遗赠扶养协议
E. 法定继承先于遗赠扶养协议

80. 按照马斯洛需求理论，说法正确的有（　　）。
    A. 人的需要有5个层次　　　　　　B. 生理需要是最低层次的需要
    C. 尊重需要是最高层次的需要　　　D. 自我实现需要是最高层次的需要
    E. 一种需要得到满足就会失去对行为的支配力

三、综合分析题（共20题，每小题2分。每小题的备选答案中有1个或1个以上符合题意。错选不得分，少选且选择正确的，每个选项得0.5分）

（一）

刘某在M市购买了一套建筑面积100m²、单价8000元/m²住宅。房款的40%利用抵押贷款方式支付，刘某预计自己未来的收入可能减少，选择了一种适合的还款方式。该住宅楼位于所在小区最北面，小区北临一条城市主干道，对面临近一所中学，距离该住宅楼东南方向约40m处有一变电站。购房后刘某对住宅进行了室内装修。2年后，房价快速上涨，国家和M市相继出台了金融等调控政策措施。面对市场变化，刘某决定在M市购买其他类型的房屋用于出租，且根据相关房地产投资项目评价指标，认为该投资可行。

81. 刘某购买该住宅选择的还款方式为（　　）。
    A. 等额本息还款　　　　　　B. 一次性还本付息
    C. 每期还息，到期一次性还本　D. 等额本金还款
82. 该住宅在装修前可能受到的污染为（　　）。
    A. 噪声污染　　　　　　B. 水污染
    C. 辐射污染　　　　　　D. 工业污染
83. 国家和M市出台的房地产金融政策措施可能为（　　）。
    A. 对出售房所得征收个税　　B. 降低首付款比例
    C. 住房限购政策　　　　　　D. 提高第二套住房首付款比例
84. 刘某购买其他类型的房屋用于出租说明的房地产投资特点为（　　）。
    A. 投资风险的固定性　　　　B. 投资选择的多样性
    C. 投资变现的方便性　　　　D. 投资收益的波动性
85. 在对刘某购买其他类型的房屋用于出租进行经济评价时，可采用的动态评价指标为（　　）。
    A. 财务净现值　　　　　　B. 财务内部收益率
    C. 资本金收益率　　　　　D. 投资收益率

（二）

张某路过甲房地产开发企业（以下简称甲企业）开发的公寓项目时看到售楼处购房人较多，便临时决定购买一套总价为80万元的公寓，当场交纳13万元定金，并以其刚满16周岁的高中生儿子名义签订了商品房预售合同。合同约定任何一方违约，须赔偿守约方5万元、买受人须在60日内付清首付款。合同签订次日张某提供了监护人公证书。因房价上涨，1个月后甲企业将该套公寓以90万元的价格售给他人，并办理了备案手续。张某购买公寓未取得成功，又与乙房地产经纪公司（以下简称乙公司）签订了合同，约定由乙公司寻觅一套符合其要求的二手房。

86. 张某在此次购买公寓过程中，出现的心理状态为（　　）心理。
    A．抢购　　　　　　　　　　B．从众
    C．待够　　　　　　　　　　D．逆反
87. 从法律上讲，在签订商品房预售合同之日张某的儿子属于（　　）。
    A．自然人　　　　　　　　　B．限制民事行为能力人
    C．无民事行为能力人　　　　D．完全民事行为能力人
88. 张某代其儿子与甲企业签订的商品房预售合同属于（　　）。
    A．有效合同　　　　　　　　B．无效合同
    C．效力待定合同　　　　　　D．可撤销合同
89. 甲企业因违约依法应最多给付张某（　　）万元。
    A．18　　　　　　　　　　　B．23
    C．26　　　　　　　　　　　D．31
90. 张某与乙公司签订的合同属于（　　）。
    A．单务合同　　　　　　　　B．诺成合同
    C．咨询合同　　　　　　　　D．有偿合同

（三）

某居住区总建筑面积为162万平方米，总用地面积110万平方米，住宅用地面积108万平方米，建筑基底面积16.20万平方米，其中住宅建筑基底面积12.96万平方米。住宅外墙面装饰材料为面砖。该居住区内原有一电视发射塔，后经规划调整予以拆除，并在原址种植了名贵乔木树苗，修建了喷泉、水池。

91. 该居住区容积率为（　　）。
    A．1.47　　　　　　　　　　B．1.28
    C．1.5　　　　　　　　　　　D．5.56
92. 根据住宅建筑平均层数，该居住区为（　　）建筑。
    A．多层Ⅰ类　　　　　　　　B．多层Ⅱ类
    C．高层Ⅰ类　　　　　　　　D．高层Ⅱ类
93. 该居住区住宅外墙面装饰类型为（　　）。
    A．石材幕墙类装饰　　　　　B．铺钉类装饰
    C．涂刷类装饰　　　　　　　D．贴面类装饰
94. 电视发射塔可产生的污染为（　　）。
    A．辐射污染　　　　　　　　B．环境噪声污染
    C．大气污染　　　　　　　　D．固体废弃物污染
95. 根据景观分类，该居住区修建的喷泉、水池为（　　）。
    A．软景观　　　　　　　　　B．硬景观
    C．自然景观　　　　　　　　D．人文景观

（四）

甲房地产开发企业（以下简称甲企业）在市区开发建设一居住区，紧邻一所中学和一

座公路高架桥，该居住区用地面积为 25 万 m²，绿地面积为 10 万 m²，其中公共绿地面积为 8 万 m²。住宅楼的供水管网分为上下两个区，下区由室外配水管网直接给水，上区由水泵加压后直接与水箱联合给水。甲企业在该项目论证时，分别使用财务净现值和财务内部收益率方法进行投资项目经济评价。

96．该居住区的绿地率为（   ）。
    A．30%   B．32%
    C．80%   D．40%

97．该居住区的供水方式为（   ）。
    A．直接给水方式   B．设置水箱的给水方式
    C．设置水泵、水箱的给水方式   D．分压、分区给水方式

98．该居住区可能受到的噪声污染类型为（   ）。
    A．工业噪声   B．交通运输噪声
    C．建筑施工噪声   D．社会生活噪声

99．关于财务内部收益率法和财务净现值法主要区别的说法，正确的是（   ）。
    A．财务净现值是一个数额，财务内部收益率是一个比率
    B．财务净现值比财务内部收益率能得到更多的信息
    C．计算财务净现值时设定的折现率大于财务内部收益率
    D．财务净现值法需要预先设定一个折现率，而财务内部收益率法不需要

100．为判断项目是否可行，计算出财务内部收益率的值后，可与（   ）相比较。
    A．银行贷款利率   B．行业的基准收益率
    C．投资者要求的最低收益率   D．投资者最低期望收益率

房地产经纪专业基础模拟卷（二）

一、单项选择题（共 50 题，每题 1 分。每题的备选答案中只有 1 个最符合题意）

1. 部分消费者会热衷于购买"海景房"，主要是因为该类房地产具有（　　）。
   A. 供给有限　　　　　　　　　　B. 价值较大
   C. 用途多样　　　　　　　　　　D. 难以变现

2. 同一套住宅的不同面积中，（　　）最大。
   A. 建筑面积　　　　　　　　　　B. 使用面积
   C. 套内建筑面积　　　　　　　　D. 套内使用面积

3. 《住宅设计规范》GB 50096—2011 规定，层高不应低于 2.20m 的是（　　）。
   A. 住宅　　　　　　　　　　　　B. 卧室
   C. 厨房　　　　　　　　　　　　D. 客厅

4. 以产权登记户为绘制对象的图是（　　）。
   A. 房产分户图　　　　　　　　　B. 房产平面图
   C. 户型图　　　　　　　　　　　D. 房产分幅图

5. 住宅按层数划分时，高层住宅一般是指自然层数（　　）。
   A. 4~6 层　　　　　　　　　　　B. 4~7 层
   C. 7~9 层　　　　　　　　　　　D. 10 层及以上

6. 关于房产分户图的说法，错误的是（　　）。
   A. 是以产权登记户为绘制对象　　B. 表示房屋权属范围的细部
   C. 是房屋所有权证的附图　　　　D. 通过实地调查绘制的

7. 建筑物层数通常在 6 层以下，抗震性能较差，开间和进深的尺寸及层高都受到一定的限制的建筑结构是（　　）。
   A. 钢结构建筑　　　　　　　　　B. 砖木结构建筑
   C. 砖混结构建筑　　　　　　　　D. 钢筋混凝土结构建筑

8. 强度高、抗震性能好，但耐火性、耐腐蚀性较差的建筑结构是（　　）。
   A. 钢结构建筑　　　　　　　　　B. 砖木结构建筑
   C. 砖混结构建筑　　　　　　　　D. 钢筋混凝土结构建筑

9. 当建筑场地的上部土层较弱、承载力较小，不宜在天然基础上作浅基础时，宜采用（　　）。
   A. 独立基础　　　　　　　　　　B. 筏板基础
   C. 箱形基础　　　　　　　　　　D. 桩基础

10. 设置在门窗上方承受上部荷载的构件是（　　）。
    A. 圈梁　　　　　　　　　　　　B. 过梁

C．简支梁　　　　　　　　　　D．悬臂梁

11．层数较多的建筑中室外配水管网水压能供下面楼层用水，不能供上面楼层用水情况适用的给水方式是（　　）。
　　A．直接给水　　　　　　　　B．分区分压给水
　　C．设置水箱给水　　　　　　D．设置水泵和水箱给水

12．室外配水管网的水压在一天中有高低变化，这种情况需要的给水方式是（　　）。
　　A．直接给水　　　　　　　　B．分区分压给水
　　C．设置水箱给水　　　　　　D．设置水泵和水箱给水

13．下列关于建筑材料耐磨性说法正确的是（　　）。
　　A．材料硬度越大，耐磨性越好　　B．材料硬度越大，耐磨性越差
　　C．材料硬度越小，耐磨性越好　　D．材料硬度与耐磨性无关

14．贴面类饰面的优点不包括（　　）。
　　A．不会对人体造成伤害　　　B．坚固耐用
　　C．装饰性强　　　　　　　　D．容易清洗

15．遮盖力强、颜色种类多、装饰性较好、可以擦洗、维护方便、成本较低的室内墙面为（　　）。
　　A．罩面板类墙面　　　　　　B．贴面类墙面
　　C．涂料类墙面　　　　　　　D．抹灰类墙面

16．小城市城区的常住人口的数量为（　　）。
　　A．30万以下　　　　　　　　B．40万以下
　　C．50万以下　　　　　　　　D．60万以下

17．城市化发展的成熟阶段，城市化率达到（　　）。
　　A．60%　　　　　　　　　　B．70%
　　C．80%　　　　　　　　　　D．90%

18．城市绿线是指（　　）。
　　A．各类绿地范围的控制线　　B．建筑物基底位置的控制线
　　C．历史建筑物的保护范围界限　　D．城市地表水体保护和控制的地域界线

19．由于房地产市场供应过量导致房地产价格下降，这种造成价值减损的折旧属于（　　）。
　　A．物质折旧　　　　　　　　B．功能折旧
　　C．外部折旧　　　　　　　　D．有形折旧

20．下列关于园林景观的描述，错误的是（　　）。
　　A．园林景观需要进行维护　　B．园林景观全部都是人造的
　　C．美是园林景观的标志　　　D．园林景观是固定在某处的标志性景观

21．将环境污染分为局部性污染、区域性污染和全球性污染的分类标准是（　　）。
　　A．自然环境要素　　　　　　B．污染物的形态
　　C．污染物的性质　　　　　　D．污染物分布的范围

22．直径在10μm以下的颗粒物，颗粒相对较小，不宜沉降，能长时间在空中漂浮的颗粒物是（　　）。

A. 尘粒 B. 落尘
C. 飘尘 D. 降尘

23. 购买房地产后自己使用的需求，即"为用而买"的需求属于房地产需求的（   ）。
    A. 自用性需求 B. 投资性需求
    C. 投机性需求 D. 保值性需求

24. 建设用地使用权出让市场属于（   ）。
    A. 完全竞争市场 B. 垄断竞争市场
    C. 寡头垄断市场 D. 完全垄断市场

25. 为了子女上好学校而购买"学区房"是房地产需求者的（   ）。
    A. 自用性需求 B. 投资性需求
    C. 特殊性需求 D. 保值性需求

26. 存量房房地产市场属于（   ）。
    A. 完全竞争市场 B. 垄断竞争市场
    C. 寡头垄断市场 D. 完全垄断市场

27. 下列因素中，引起建筑物外部折旧的是（   ）。
    A. 居民小区的景观木椅老化 B. 办公楼未安装集中空调
    C. 地震引起房屋墙体开裂 D. 居民小区附近建设垃圾处理站

28. 甲乙两幢写字楼位于同一地段，乙写字楼电梯速度慢，载重量小，上下班高峰时间乘坐电梯十分拥挤，因此租金明显比甲写字楼低。从折旧角度看，造成乙写字楼租金低的原因是乙写字楼的（   ）。
    A. 物质折旧 B. 功能落后
    C. 功能过剩 D. 经济折旧

29. 某地块面积为10000m²，土地价格为1500元/m²，地上建筑物总建筑面积为30000m²。该地块的楼面地价为（   ）元/m²。
    A. 400 B. 500
    C. 1500 D. 450

30. 关于人口因素对房地产价格影响的说法，正确的是（   ）。
    A. 人口数量越大，则房价会上升
    B. 家庭平均人口数越多，则房价会上升
    C. 人口素质越低，则房价会上升
    D. 人口年龄构成中老年人比例越大，则房价会上升

31. 下列房地产交易行为中，成交价格通常高于正常市场价格的是（   ）。
    A. 卖方不了解市场行情的交易 B. 买方不了解市场行情的交易
    C. 被迫出售的交易 D. 公司与其员工之间的交易

32. 利用收益法评估房地产价格时，不必考虑的因素是（   ）。
    A. 房地产未来收益的大小 B. 房地产取得成本的高低
    C. 房地产运营费用的多少 D. 房地产收益期限的长短

33. 当前实施的商品住房限购措施，主要是为了抑制（   ）。

A．消费需求 B．自住需求
C．投机需求 D．跟风需求

34．某居民购买一套总价为 100 万元的商品住宅，首付 30%，余额以 6% 利率、20 年按月等额偿还贷款本息，则该居民的月还款额为（　　）元。

A．5015 B．3544
C．5115 D．3025

35．某房地产开发项目第 4 年的累计净现金流量出现正值，上一年累计净现金流量为 -4000 万元，当年净现金流量为 8000 万元，其静态投资回收期为（　　）年。

A．2.5 B．3.5
C．4 D．4.5

36．不属于房地产投资风险的是（　　）。

A．市场波动风险 B．市场周期风险
C．政策风险 D．金融风险

37．地表水体保护和控制的地域界线指的是（　　）。

A．城市绿线 B．城市蓝线
C．城市紫线 D．城市黄线

38．《中华人民共和国个人所得税法》属于我国现行法律体系中的（　　）。

A．基本法律 B．行政法规
C．单行条例 D．其他法律

39．《房地产广告发布规定》属于我国现行法律体系中的（　　）。

A．法律 B．行政法规
C．单行条例 D．部门规章

40．消费者享有对商品和服务以及保护消费者权益工作进行监督的权利体现了消费者的（　　）。

A．公平交易权 B．得到尊重权
C．监督批评权 D．依法结社权

41．张某拟以 100 万元出售一套住宅，李某有意购买，并且双方口头达成买卖意向。之后张某得知李某是因结婚急需购房，故将售价提高 15%，并最终与李某成交。张某的这种行为违反了《民法典》中的（　　）原则。

A．平等 B．自愿
C．公平 D．公序良俗

42．民事主体在民事活动中表里不一，弄虚作假，这种行为违反了民事活动的（　　）原则。

A．平等 B．自愿
C．公序良俗 D．诚信

43．债权具有（　　）。

A．排他效力 B．优先效力
C．追及效力 D．请求效力

44．物权的分类不包括（　　）。

A. 不动产物权和动产物权　　　　B. 自物权和他物权
C. 共有物权和私有物权　　　　　D. 无期限物权和有期限物权

45. 根据《民法典》，承租人可以单方面解除租赁合同的情形是（　　）。
    A. 出租人拒绝对租赁房屋中已损坏的洗衣机进行维修
    B. 出租人未经承租人同意将租赁房屋转租
    C. 出租人未按约定将租赁房屋交付承租人
    D. 租赁房屋危及承租人的安全，但承租人先前已知该租赁房屋质量不合格

46. 材料在饱和水作用下不破坏，强度也不显著降低的性质是（　　）。
    A. 耐水性　　　　　　　　　　B. 抗渗性
    C. 抗冻性　　　　　　　　　　D. 吸水性

47. 最常见、量大面广的一类房地产是（　　）。
    A. 住宅　　　　　　　　　　　B. 商住房
    C. 集体宿舍　　　　　　　　　D. 老年公寓

48. 存量房住宅中，房龄超过10年的住宅一般称为（　　）。
    A. 次新房　　　　　　　　　　B. 旧房
    C. 一般旧房　　　　　　　　　D. 老旧住宅

49. 不属于《民法典》规定民事活动必须遵循的是（　　）原则。
    A. 平等　　　　　　　　　　　B. 公平
    C. 绿色　　　　　　　　　　　D. 独立

50. 下列特点描述中，属于消费者情绪的特点的有（　　）。
    A. 短暂性　　　　　　　　　　B. 独立性
    C. 不稳定性　　　　　　　　　D. 特殊性
    E. 目的性

二、多项选择题（共20题，每题2分，每题备选答案中有2个或2个以上符合题意。错选不得分，少选且正确，每个选项得0.5分）

51. 房地产中的"三位一体"主要包含（　　）。
    A. 权益　　　　　　　　　　　B. 区位
    C. 实物　　　　　　　　　　　D. 景观
    E. 交通

52. 住宅适用性能的评定内容有（　　）。
    A. 单元平面　　　　　　　　　B. 用地与规划
    C. 隔声性能　　　　　　　　　D. 设施设备
    E. 无障碍设施

53. 根据建筑结构，建筑物可分为（　　）。
    A. 钢筋混凝土结构建筑　　　　B. 砖木结构建筑
    C. 砖混结构建筑　　　　　　　D. 装配式建筑
    E. 工业建筑

54. 根据墙体的构造方式，墙体可分为（　　）。
    A. 实体墙　　　　　　　　　　B. 承重墙

C．空心墙
　　E．非承重墙
　　D．复合墙

55．整体类地面包括（　　）。
　　A．地毯地面
　　B．塑料地板地面
　　C．水泥砂浆地面
　　D．混凝土地面
　　E．水磨石地面

56．壁纸的特点包括（　　）。
　　A．可以擦洗
　　B．色彩花型丰富
　　C．更换容易
　　D．耐久性好
　　E．遮盖力强

57．下列住宅环境因素中，属于住宅社会环境因素的有（　　）。
　　A．居民职业
　　B．文化素养
　　C．建筑小品
　　D．园林绿化
　　E．犯罪率

58．下列对卖方垄断市场说法正确的是（　　）。
　　A．只有一个卖者而买者较多
　　B．只有一个买者而卖者较多
　　C．商品或服务无相近的替代品
　　D．新的供给者不能进入市场
　　E．市场信息较完全

59．烟囱属于（　　）。
　　A．固定污染源
　　B．线源
　　C．地面源
　　D．高架源
　　E．点源

60．关于房地产价格，下面表述正确的是（　　）。
　　A．挂牌价与成交价之差越小，市场越景气
　　B．市场价格是指某种房地产在市场上的平均交易价格
　　C．买方市场下，成交价会偏向卖方最低要价
　　D．卖方市场下，成交价会偏向买方最高出价
　　E．成功的房地产交易，成交价必然低于或等于卖方最低要价

61．下列情形中，会引起房地产价格上涨的有（　　）。
　　A．开征房产税
　　B．低收入者收入增加20%
　　C．城镇化和移民导致外来人口增加
　　D．卖方市场下，增加房地产开发环节的税收
　　E．买房市场下，减少房地产开发环节的税收

62．下列关于房地产估价方法的描述中，正确的有（　　）
　　A．收益法适用于估价对象是数量较多且容易发生交易的房地产
　　B．特殊厂房和在建工程，一般采用比较法估价
　　C．收益法是以预期原理为基础的
　　D．成本法的基本公式是：房地产价格或价值＝房地产重新购建价格－房地产折旧

E. 成本法估价具体有房地合估路径和房地分估路径

63. 运用比较法评估房地产价格，选取的可比实例应符合以下基本要求（ ）。
    A. 可比实例的成交价格必须为正常价格
    B. 可比实例数量越多越好
    C. 可比实例的成交日期应与估价时点不超过3个月
    D. 可比实例的交易方式应适合估价目的
    E. 可比实例房地产应与估价对象房地产相似

64. 资金存在时间价值的原因不包括（ ）。
    A. 生产力水平提高   B. 经济增长
    C. 资金增值   D. 承担风险
    E. 通货膨胀

65. 合同具有的特征包括（ ）。
    A. 合同是平等主体之间的民事法律关系
    B. 合同是两方以上当事人的法律行为
    C. 合同是从法律上明确当事人之间特定权利与义务关系的文件
    D. 合同是具有相应法律效力的协议
    E. 合同当事人的法律地位平等，但政府可以将自己的意志强加给其中一方

66. 要约和承诺是合同订立的两个阶段，承诺应符合以下要求（ ）。
    A. 必须向要约人作出
    B. 必须在规定的期限内达到要约人
    C. 必须由受要约人或相关第三人作出
    D. 必须在规定的期限内做出
    E. 内容与要约相一致才是有效的承诺

67. 下列费用中，属于房地产价格构成中开发成本的有（ ）。
    A. 勘察设计费   B. 前期工程费
    C. 开发利润   D. 开发建设过程中的税费
    E. 房屋建筑安装工程费

68. 下列房地产投资项目经济评价指标中，一定为动态盈利评价指标的有（ ）。
    A. 财务净现值   B. 投资利润率
    C. 投资回收期   D. 财务内部收益率
    E. 租金回报率

69. 运用成本法对房地产进行估价，房地产价格包括（ ）等内容。
    A. 土地的机会成本   B. 开发利润
    C. 建筑安装工程费   D. 销售税费
    E. 物业管理费

70. 下列门的类型中，属于根据门的功能进行分类的是（ ）。
    A. 防火门   B. 折叠门
    C. 防盗门   D. 安全门
    E. 平开门

71. 影响得房率大小的因素主要有（   ）。
    A. 建筑形式   B. 建筑外观
    C. 建筑结构   D. 墙体材料
    E. 房间数量
72. 根据建筑施工方法进行分类，建筑物可分为（   ）。
    A. 装配式建筑   B. 砖混结构建筑
    C. 现浇现砌式建筑   D. 钢筋混凝土机构建筑
    E. 部分现浇现砌、部分装配式建筑
73. 集中供暖的优点包括（   ）。
    A. 可控制供暖的时间和温度   B. 安全
    C. 清洁   D. 可全天供暖
    E. 费用较高
74. 涂料类饰面的优点包括（   ）。
    A. 不易褪色   B. 耐久性好
    C. 更新快   D. 维修方便
    E. 自重轻
75. 室内墙面的种类包括（   ）。
    A. 抹灰类墙面   B. 涂料类墙面
    C. 裱糊类墙面   D. 清水墙饰面
    E. 幕墙饰面
76. 下列交易价格中，相对名义价格而言，属于房地产实际价格的有（   ）。
    A. 为逃税而不实申报的房屋成交价格
    B. 在成交日期因一次付清而给予折扣优惠的房价
    C. 卖房送装修的成交价格扣减装修成本后的价格
    D. 双方承担的交易税费全部由买方承担的成交价格
    E. 房款分期付清的成交价格
77. 在房地产价格中，属于新建商品房销售中出现的房地产价格有（   ）。
    A. 均价   B. 起价
    C. 成交价   D. 标价
    E. 保留价
78. 下列房地产中，适用比较法估价的有（   ）。
    A. 高档公寓   B. 标准厂房
    C. 行政办公楼   D. 博物馆
    E. 商铺
79. 下列房地产中，不适用收益法估价的有（   ）。
    A. 住宅   B. 农地
    C. 城市公园   D. 行政办公楼
    E. 临街商铺
80. 下列房地产投资项目经济评价指标中，（   ）为动态盈利性评价指标。

A. 投资收益率 B. 财务内部收益率
C. 租金回报率 D. 资本金收益率
E. 财务净现值

三、综合分析题（共20题，每小题2分。每小题的备选答案中有1个或1个以上符合题意。错选不得分，少选且选择正确的，每个选项得0.5分）

（一）

张某年薪24万元，以贷款方式购买了一套建筑面积为120m² 的水平住宅，采用按月等额本息还款方式，每月还款8320元。该套住宅每月的物业管理费为3元/m²。张某在确定购买该套住宅前，对拟购买住宅楼所在的位置的交通、环境、基础与公用设施、住宅平面布置，以及市场供求等状况进行了全面、详细的分析。

81. 张某的月房产支出与收入比为（   ）。
    A. 43.4% B. 41.6%
    C. 42.4% D. 39.8%

82. 张某选择等额本息还款方式的优势有（   ）。
    A. 还款压力均衡
    B. 相当于等额本金还款方式而言，前期的还款压力小
    C. 享有更低的利率
    D. 每月的还款金额相同

83. 根据相关规定，借款人住房贷款的月房产支出与收入比不能超过（   ）。
    A. 65% B. 60%
    C. 55% D. 50%

84. 确定房地产贷款额度的基本依据是（   ）。
    A. 抵押房地产的价值 B. 抵押房地产的开发成本
    C. 抵押房地产的最近一次交易价格 D. 抵押房地产的重置价格

85. 根据性格差异划分，张某在购房过程中的行为反映出其性格类型为（   ）。
    A. 外向型 B. 情绪型
    C. 意志型 D. 理智型

（二）

某新建居住小区规划占地面积36250m²，代征地面积3000m²，共建有六幢住宅楼，其中有四幢板式住宅楼，共计13层，建筑基底面积为1200m²；有二幢塔式住宅楼，共计20层，建筑基底面积为1100m²。六幢住宅楼各层建筑面积均相等。另有一幢公建，用于物业办公等用途，总建筑面积为3000m²。甲房地产经纪公司代理销售该小区住宅，王某看中该小区一套位于9层的板式住宅。该套住宅的建筑面积为100m²，尚需1年才能交付使用。相似商品住宅现房的市场为20000元/m²，预计1年后可得租赁净收益为5万元/套。估计年折现率为5%，风险补偿为现房价格的5%。

86. 该居住小区的容积率为（   ）。
    A. 3.29 B. 3.5

C. 3.21 D. 3.02

87. 该居住小区的塔式住宅与板式住宅相比，具有如下特点（　　）。
   A. 主要朝向建筑长度与次要朝向建筑长度之比小于 2
   B. 各住户靠长廊连在一起
   C. 更安全
   D. 使用率明显要小

88. 王某欲了解该板式住宅楼的出入口、楼梯、房间、门窗及阳台的布置及相互关系，应查看（　　）。
   A. 建筑立面图   B. 建筑平面图
   C. 建筑总平面图   D. 建筑平剖面图

89. 王某欲购买的该套住宅，目前的市场价格为（　　）元/m^2。
   A. 20000   B. 19500
   C. 19524   D. 18524

90. 销售人员在接待王某的过程中，感觉王某思维周密，态度高傲，经常挑剔该小区在环境、户型设计等方面的小毛病，且斤斤计较。在这种情况下，销售人员应（　　）。
   A. 向王某强调该房屋的优点及已给予的优惠
   B. 态度更强硬，在气势上压倒王某
   C. 让王某感到目前的购买方案已是最佳选择
   D. 投其所好，向其推荐更满意的房屋

（三）

郑某看好房地产市场的发展，认为投资于房地产比股票、基金等更可靠，回报更丰厚。为应对房地产投资的风险，经过充分调研，郑某对房地产市场有了深入的了解，最后决定在所居住城市和某海滨城市分别购买一套住宅，并在所居住城市购买一间商铺。购买的两套住宅一次性全款支付，所购买的商铺总价 400 万元，首付款为总价款的 40%，余款向银行贷款，贷款期限为 20 年，贷款年利率为 6%，按月等额偿还贷款本息。购买后，郑某将所居住城市的住宅租给了好友孙某，租期 1 年，未签订书面合同；将海滨城市的住宅闲置，准备待房价上涨到预期水平后转手；将商铺出租给一家餐饮企业，租期为三年，在租赁合同中约定租金于每年年初支付，且租金数额随着物价指数进行相应调整。该餐饮企业在支付了一年租金后，第二年初以生意惨淡为由未支付当年租金，一直拖到第三年初才向郑某支付了第二年租金。一年后，郑某因急需资金周转，欲出售海滨城市的住宅，但因宏观调控等因素，房价并未上涨，最终以比购买价低 10 万的价格出手。

91. 郑某应对房地产投资风险的方法为（　　）。
   A. 风险组合   B. 风险回避
   C. 风险控制   D. 风险转移

92. 郑某每月的还款额为（　　）元。
   A. 15692   B. 16895
   C. 18135   D. 17194

93. 郑某与餐饮企业签订的租赁合同为（　　）合同。

A．特殊租赁　　　　　　　　B．定期租赁
C．动产租赁　　　　　　　　D．所有权转移

94．餐饮企业拖延支付第二年租金的行为构成了（　　）。
A．届期违约　　　　　　　　B．缔约过失责任
C．先期违约　　　　　　　　D．实际违约

95．郑某以比购买价低 10 万元的价格出售海滨城市的住宅，反映了其遭遇的房地产投资的（　　）风险。
A．机会成本　　　　　　　　B．政策
C．流动性　　　　　　　　　D．豁然损失

（四）

高某欲购买某高级住宅小区一套存量住宅，居住在该小区为该市成功人士的象征。该住宅小区原址植被丰富，小区建成后保留了两棵巨大的榕树，成为该小区有吸引力的景观之一，此外，该小区还设置了抗压草皮、喷泉、雕塑等景观。该套住宅建筑面积为 148m²，总价为 180 万元，房屋买卖合同约定，高某如果在成交日期一次性付清房款，则给予 3% 的优惠。经高某多方筹集资金，得以在合同签订之日一次性付清了房款。高某购买该住宅后开始着手装修事宜，在竹地板、实木地板和实木复合地板间难以定夺，但更倾向于实木地板。高某在室内装饰装修材料的选用上，秉着减少室内环境污染的原则。

96．根据马斯洛需求层次理论，高某欲购买该高级住宅小区的住宅，出于（　　）的需要。
A．安全　　　　　　　　　　B．爱与归属
C．尊重　　　　　　　　　　D．自我实现

97．该居住小区的景观中，属于软景观的为（　　）。
A．两棵大榕树　　　　　　　B．抗压草皮
C．雕塑　　　　　　　　　　D．喷泉

98．高某购买的该住宅楼，其名义单价和实际单价分别为（　　）。
A．12162 元 /m²；12527 元 /m²　　B．12162 元 /m²；11554 元 /m²
C．12162 元 /m²；12462 元 /m²　　D．12162 元 /m²；11797 元 /m²

99．与竹地板和实木复合地板相比，实木地板具有的特点为（　　）。
A．脚感舒适　　　　　　　　B．适用于有地热的房间
C．耐磨损　　　　　　　　　D．纹理和色彩自然

100．高某的做法中，有利于减少甲醛释放量的为（　　）。
A．尽量不使用人造板材
B．使用化纤纺织物型壁纸，放弃使用涂料
C．减少无机非金属材料的使用
D．使用聚苯乙烯泡沫塑料等有机隔热材料

房地产经纪专业基础模拟卷答案解析（一）

1．【答案】C

【解析】交通路线距离，即路程，是指连接两地之间的道路长度。空间直线距离，是指两地之间的直线长度，是最简单、最基础的距离。交通时间距离，即交通时间，是指两地之间利用适当的交通工具去或来所需的时间。

【出处】《房地产经纪专业基础》（第四版）P4

2．【答案】D

【解析】产权登记面积，俗称房本面积，是指不动产权证书或房屋权属证书（俗称房本）和不动产登记簿记载的房屋面积，是实测的合法房屋建筑面积。存量房买卖中依据的面积一般是该面积。

【出处】《房地产经纪专业基础》（第四版）P19

3．【答案】C

【解析】《住宅设计规范》GB 50096—2011规定，住宅层高宜为2.80m，卧室、起居室（厅）的室内净高不应低于2.40m，厨房、卫生间的室内净高不应低于2.20m。

【出处】《房地产经纪专业基础》（第四版）P13

4．【答案】C

【解析】一幢楼房通常有以下4种建筑平面图：① 底层平面图，表示第一层房间的布置、建筑入口、门厅及楼梯等；② 标准层平面图，表示中间相同的各层平面布置；③ 顶层平面图，表示房屋最高层的平面布置；④ 屋顶平面图，即屋顶平面的水平投影。

【出处】《房地产经纪专业基础》（第四版）P26

5．【答案】D

【解析】按层数划分时，1～3层为低层住宅，4～9层为多层住宅，10层及以上为高层住宅。

【出处】《房地产经纪专业基础》（第四版）P10

6．【答案】B

【解析】住宅安全性能评定的内容有：① 结构安全；② 建筑防火；③ 燃气及电气设备安全；④ 日常安全防范措施；⑤ 室内污染物控制。

【出处】《房地产经纪专业基础》（第四版）P16

7．【答案】C

【解析】砖混结构建筑的层数通常在6层以下，抗震性能较差，开间和进深的尺寸及层高都受到一定限制。

【出处】《房地产经纪专业基础》（第四版）P33

8．【答案】C

【解析】《民用建筑设计统一标准》GB 50352—2019 将民用建筑的设计使用年限分为 5 年、25 年、50 年、100 年四个类别，并规定其分别适用于临时性建筑、易于替换结构构件的建筑、普通建筑和构筑物、纪念性建筑和特别重要的建筑。

【出处】《房地产经纪专业基础》（第四版）P34

9.【答案】B

【解析】筏板基础有利于调整地基的不均匀沉降，用筏板基础作为地下室或坑槽的底板有利于防水、防潮。

【出处】《房地产经纪专业基础》（第四版）P38

10.【答案】A

【解析】承重墙是直接承受梁、楼板、屋顶等传下来的荷载和自重的墙体。

【出处】《房地产经纪专业基础》（第四版）P39

11.【答案】A

【解析】圈梁是为提高建筑物整体结构的稳定性，沿建筑物的全部外墙和部分内墙设置的连续封闭的梁。

【出处】《房地产经纪专业基础》（第四版）P41

12.【答案】A

【解析】水泥属于无机材料。

【出处】《房地产经纪专业基础》（第四版）P50

13.【答案】B

【解析】金属幕墙的优点是重量轻、防水、防污性能好；缺点是抗变形能力较差、强度较低、耐久性不及玻璃幕墙和石材幕墙。

【出处】《房地产经纪专业基础》（第四版）P65

14.【答案】A

【解析】顶棚可用白色或接近于白色的明亮色，这样室内照明效果较好。

【出处】《房地产经纪专业基础》（第四版）P66

15.【答案】B

【解析】脆性是指材料在外力作用下未发生显著变形就突然破坏的性质。

【出处】《房地产经纪专业基础》（第四版）P53

16.【答案】C

【解析】为了保持建筑物室内温度的稳定性，建筑物的围护结构（如外墙、屋顶）应选用导热性差、热容量较大的建筑材料。

【出处】《房地产经纪专业基础》（第四版）P53

17.【答案】D

【解析】大城市是指城区常住人口 100 万以上 500 万以下的城市。

【出处】《房地产经纪专业基础》（第四版）P73

18.【答案】C

【解析】目前发达国家城市化率达到 80% 左右。

【出处】《房地产经纪专业基础》（第四版）P78

19.【答案】C

【解析】城市紫线是指国家历史文化名城内的历史文化街区和省、自治区、直辖市人民政府公布的历史文化街区的保护范围界线。

【出处】《房地产经纪专业基础》(第四版)P81

20．【答案】C

【解析】微环境通常是指该住宅所在楼幢周边和楼幢内公共空间(如大堂、走廊、过道、楼梯间)的环境。

【出处】《房地产经纪专业基础》(第四版)P85

21．【答案】C

【解析】随着现代工业的发展，镉、锌、镍、钛、锰、砷、汞、铅等很多重金属颗粒物污染空气后，能引起人体慢性中毒，其中以铅的危害多而重。

【出处】《房地产经纪专业基础》(第四版)P93

22．【答案】A

【解析】二氧化硫是无色、有刺激性臭味、有毒、有腐蚀性的气体，它对人体的危害，在浓度较低时主要是刺激上呼吸道，在浓度较高时会刺激呼吸道深部，对骨髓、脾等造血器官也有刺激和损伤作用。

【出处】《房地产经纪专业基础》(第四版)P93

23．【答案】C

【解析】投机性需求是为了再出售而暂时购买房地产，利用房地产价格涨落变化，以期从价差中获利的需求，即"为卖而买"的需求，特别是发生在投机者对未来的房地产价格看涨时而购买房地产，甚至出现疯狂的抢购。

【出处】《房地产经纪专业基础》(第四版)P108

24．【答案】B

【解析】房地产经纪机构是房地产交易的"中间商"或"中介人"，是继房地产交易双方之后的重要市场参与者，为房地产交易者提供房源、客源、市场价格等信息及有关服务。而提供贷款服务的机构是金融机构，经纪机构只能提供代办贷款服务。

【出处】《房地产经纪专业基础》(第四版)P109

25．【答案】A

【解析】按达成交易与交付使用时间的异同，房地产市场分为现房市场和期房市场。

【出处】《房地产经纪专业基础》(第四版)P113

26．【答案】D

【解析】在复苏阶段，需求温和增加，且在初期主要是自用性需求的恢复性增加，因此多发生在经济复苏时期。由于自用性需求恢复，成交量温和放大，库存逐渐消化，市场逐渐由供过于求转向供求平衡，房价也逐渐企稳回升。随着房价的回升，房地产的投资、投机性需求开始出现。因此，复苏阶段可描述为"自用性需求夹杂着投资、投机性需求增加的时期"。

【出处】《房地产经纪专业基础》(第四版)P123

27．【答案】B

【解析】功能折旧是指因建筑物功能不足或过剩造成的建筑物价值减损。导致功能折旧的原因可能是科学技术进步，人们的消费观念改变，过去的建筑标准过低，建筑设计上的缺陷等。

【出处】《房地产经纪专业基础》（第四版）P168

28．【答案】B

【解析】功能缺乏折旧，如住宅没有卫生间、暖气（北方地区）、燃气、电话线路、有线电视等；办公楼没有电梯、集中空调、宽带等。

【出处】《房地产经纪专业基础》（第四版）P168

29．【答案】D

【解析】楼面地价＝土地单价／容积率＝土地总价／总建筑面积，土地总价＝楼面地价×总用地面积×容积率。原规划土地总价＝800×6.25×666.67×0.8＝266.67万元；改规划后土地总价＝1200×6.25×666.67×4＝2000万元；补交的地价款＝2000－266.67＝1733.33万元。

【出处】《房地产经纪专业基础》（第四版）P135

30．【答案】B

【解析】契税属于交易环节的税收，是向买方征收的税收，增加买方的税收，比如提高契税税率，会抑制房地产需求，从而会导致房地产价格下降。

【出处】《房地产经纪专业基础》（第四版）P150

31．【答案】A

【解析】卖方净得价＝正常负担价－卖方应缴纳的税费。即卖方净得价＝4000－4000×8%＝3680元／m^2。

【出处】《房地产经纪专业基础》（第四版）P136

32．【答案】D

【解析】从收益法的观点看，房地产价格的高低主要取决于3个因素：① 未来净收益的大小——未来净收益越大，房地产价格就越高，反之就越低；② 获取净收益期限的长短——获取净收益期限越长，房地产价格就越高，反之就越低；③ 获取净收益的可靠程度——获取净收益越可靠，房地产价格就越高，反之就越低。

【出处】《房地产经纪专业基础》（第四版）P161

33．【答案】B

【解析】房地产自用性需求者的诉求主要是在保证交易安全的前提下"物有所值""物美价廉"，即房地产满意、价格合适、交付较快。对投资性购买者来说，预期购买后在持有期间所能获得的租赁收益（或租金回报）和持有期末转售时的增值（或升值空间）。

【出处】《房地产经纪专业基础》（第四版）P108

34．【答案】D

【解析】向银行贷款后，月等额偿还贷款利息，属于将现值转换为等额年金的公式，其中计算等额年金的系数称为资金回收系数。

【出处】《房地产经纪专业基础》（第四版）P186

35．【答案】C

【解析】通货膨胀风险是指与初始投入的资金相比，投资结束时所收回资金的购买力下降给投资者带来损失。

【出处】《房地产经纪专业基础》（第四版）P198

36.【答案】D

【解析】比较风险也称为机会成本风险,是将资金投入房地产后便失去了其他投资机会所能带来的收益而给投资者带来损失。

【出处】《房地产经纪专业基础》(第四版)P197

37.【答案】A

【解析】市场利率是在金融市场上资金供求双方自由竞争所形成的利率。

【出处】《房地产经纪专业基础》(第四版)P206

38.【答案】C

【解析】行政法规是指国务院根据宪法和法律,按照法定程序制定的有关行使行政权力、履行行政职责的法律规范的总称,因此制定主体是国务院。

【出处】《房地产经纪专业基础》(第四版)P228

39.【答案】C

【解析】基本法律是指全国人民代表大会制定的法律。

【出处】《房地产经纪专业基础》(第四版)P228

40.【答案】D

【解析】获得知识权:消费者享有获得有关消费和消费者权益保护方面的知识的权利。

【出处】《房地产经纪专业基础》(第四版)P233

41.【答案】D

【解析】法是否溯及既往,是指新的法律施行后,对它生效之前发生的事实和行为是否适用。如果不适用,则没有溯及力。具体来说,法律、行政法规、地方性法规、自治条例、单行条例、规章一般不溯及既往。

【出处】《房地产经纪专业基础》(第四版)P231

42.【答案】B

【解析】8周岁以上的未成年人和不能完全辨认自己行为的成年人,为限制民事行为能力人。

【出处】《房地产经纪专业基础》(第四版)P240

43.【答案】D

【解析】在本例的代理关系中,甲为被代理人,乙为委托代理人、委托人,丙为复代理人。

【出处】《房地产经纪专业基础》(第四版)P245

44.【答案】B

【解析】《民法典》规定定金的数额不得超过主合同标的额的20%。

【出处】《房地产经纪专业基础》(第四版)P265

45.【答案】C

【解析】按照《民法典》规定,收受定金的一方不履行债务或者履行债务不符合约定,致使不能实现合同目的的,应当双倍返还定金。另有定金罚则与违约金罚则不能同时生效,取其中定金罚则双倍返还为最高金额,即60万元。

【出处】《房地产经纪专业基础》(第四版)P265

46.【答案】A

【解析】知觉是在感觉的基础上形成的,是反映客观事物的整体形象和表面联系的心理过程,比如在感觉之上,综合评价小区的适用性、舒适度、性价比等,BCD 都属于感觉的范畴。

【出处】《房地产经纪专业基础》(第四版) P284

47.【答案】C

【解析】尾数定价策略可以是价格尾数取人们通常认为的吉利数字,使购买人图个吉利,更愿意购买。

【出处】《房地产经纪专业基础》(第四版) P302

48.【答案】C

【解析】我国目前处于城市化快速阶段。

【出处】《房地产经纪专业基础》(第四版) P78

49.【答案】D

【解析】D 选项表述错误,绿化率一般大于绿地率。

【出处】《房地产经纪专业基础》(第四版) P80

50.【答案】B

【解析】楼面地价也称为楼面价、楼板价,是一种特殊的土地单价,是指一定地块内分摊到单位建筑面积上的土地价格。楼面地价通常比土地单价更能反映土地价格水平的高低。

【出处】《房地产经纪专业基础》(第四版) P134

51.【答案】ABCE

【解析】房地产的特性主要有不可移动、各不相同、寿命长久、供给有限、价值较大、相互影响、易受限制、较难变现和保值增值。

【出处】《房地产经纪专业基础》(第四版) P5

52.【答案】CDE

【解析】高楼层住宅的采光和视野较好,灰尘和蚊虫较少,受室外人群吵闹等嘈杂声的影响较小,不易潮湿。

【出处】《房地产经纪专业基础》(第四版) P11

53.【答案】CDE

【解析】根据建筑物使用性质的分类可分为民用建筑、工业建筑、农业建筑。

【出处】《房地产经纪专业基础》(第四版) P32

54.【答案】ABC

【解析】根据材料的用途,分为结构材料、墙体材料、屋面材料、地面材料、饰面材料等。

【出处】《房地产经纪专业基础》(第四版) P50

55.【答案】BDE

【解析】采用耐久性好的材料虽然会增加成本,但因材料的使用寿命较长,建筑物的使用寿命也相应延长,而且会降低建筑物的维修费用,最终会提高综合经济效益。

【出处】《房地产经纪专业基础》(第四版) P54

56.【答案】BCD

【解析】根据城市的平面几何形状，分为块状城市、带状城市和星状城市等。

【出处】《房地产经纪专业基础》（第四版）P74

57．【答案】ABE

【解析】根据城市的道路形态，分为棋盘形城市、放射形城市和不规则形城市等。多数城市是不规则形的。

【出处】《房地产经纪专业基础》（第四版）P74

58．【答案】BCD

【解析】垄断竞争市场是指既有垄断又有竞争，以竞争为主的市场。这种市场主要有以下3个特征：① 卖者和买者都较多；② 商品或服务有差别，如商品在功能、质量、外观、品牌、服务等方面有所不同；③ 市场信息较完全。

【出处】《房地产经纪专业基础》（第四版）P119

59．【答案】ACE

【解析】移动污染源是指机动车、火车、飞机、轮船等位置移动的污染源。

【出处】《房地产经纪专业基础》（第四版）P90

60．【答案】ABD

【解析】在实际交易中，只有当买方最高出价高于或等于卖方最低要价时，交易才可能成功。

【出处】《房地产经纪专业基础》（第四版）P133

61．【答案】AB

【解析】增值税、个人所得税是向卖方征收的税，契税是向买方征收的税，印花税是向买卖双方征收的税。

【出处】《房地产经纪专业基础》（第四版）P150

62．【答案】CD

【解析】可比实例选取应满足基本要求，A 选项不满足可比实例的成交日期应尽量接近价值时点，B、E 选项建筑面积和所在位置差距太大，不满足可比实例房地产应与估价对象房地产相似。

【出处】《房地产经纪专业基础》（第四版）P154

63．【答案】AB

【解析】收益法适用的估价对象是有收益或有潜在收益的房地产。比较法选取一定数量符合一定条件的交易实例，不在于多。

【出处】《房地产经纪专业基础》（第四版）P161

64．【答案】ACE

【解析】资金存在时间价值的原因主要有机会成本、通货膨胀、承担风险和资金增值四项。

【出处】《房地产经纪专业基础》（第四版）P180

65．【答案】ADE

【解析】用益物权包括土地承包经营权、建设用地使用权、宅基地使用权、居住区和地役权。

【出处】《房地产经纪专业基础》（第四版）P255

66.【答案】ABC

【解析】买卖合同的特征：① 有偿合同；② 双务合同；③ 诺成合同；④ 非要式合同。但房地产转让合同，包括房屋买卖合同，是要式合同。

【出处】《房地产经纪专业基础》（第四版）P267

67.【答案】ABCD

【解析】受托人的义务：① 按照委托人的指示处理委托事务。② 亲自处理委托事务。③ 按照委托人的要求报告委托事务的处理情况。④ 向委托人转交处理委托事务取得的财产。

【出处】《房地产经纪专业基础》（第四版）P271

68.【答案】AD

【解析】评价投资项目盈利能力的动态指标主要有财务净现值、财务内部收益率、动态投资回收期。

【出处】《房地产经纪专业基础》（第四版）P192

69.【答案】ACE

【解析】从收益法观点来看，净收益越大，获取净收益期限越长，则房地产价格就越高。所以在 AC 两种情况下，房地产价格会估高。运营费用偏高时，净收益偏低，B 选项错误，报酬率偏高时，收益价格偏低，价格会估低。D 选项错误。收益率逐年增长率取高，则净收益估高，同 A 选项。

【出处】《房地产经纪专业基础》（第四版）P161

70.【答案】ABCD

【解析】房租的构成因素包括：地租、房屋折旧费、维修费、管理费、投资利息、保险费、房地产税、租赁费用、租赁税费和利润。不包括交易税费。

【出处】《房地产经纪专业基础》（第四版）P141

71.【答案】AB

【解析】市场调节价是指由经营者自主制定，通过市场竞争形成的价格。对于实行市场调节价的房地产，经营者可以依法自主制定价格。选项 CDE 均不可自主制定价格。

【出处】《房地产经纪专业基础》（第四版）P141

72.【答案】CD

【解析】天然石材、砖、陶瓷、玻璃、普通混凝土属于脆性材料；钢材、木材属于韧性材料。

【出处】《房地产经纪专业基础》（第四版）P54

73.【答案】ABD

【解析】常用的贴面材料有以下 3 类：① 陶瓷制品，如瓷砖、面砖、陶瓷锦砖等；② 预制块材，如仿大理石板、水磨石板等；③ 天然石材，如天然大理石板、天然花岗石板等。

【出处】《房地产经纪专业基础》（第四版）P65

74.【答案】ABD

【解析】根据基础的构造形式，分为条形基础、独立基础、筏板基础、箱形基础、桩基础等。

【出处】《房地产经纪专业基础》(第四版) P38

75.【答案】ABCD

【解析】阅读地形图时有一些方面值得注意：① 地物、地貌符号及其含义；② 平面位置和高程；③ 比例尺；④ 测绘日期。

【出处】《房地产经纪专业基础》(第四版) P21

76.【答案】ABCD

【解析】房地产的特性是：不可移动、各不相同、寿命长久、供给有限、价值较大、相互影响、易受限制、较难变现、保值增值。

【出处】《房地产经纪专业基础》(第四版) P5

77.【答案】ABC

【解析】住宅环境性能评定内容包括：① 用地与规划；② 建筑造型；③ 绿地与活动场地；④ 室外噪声与空气污染；⑤ 水体与排水系统；⑥ 公共服务设施；⑦ 智能化系统。

【出处】《房地产经纪专业基础》(第四版) P16

78.【答案】ABC

【解析】在财产权利方面，《民法典》规定："民事主体的财产权利受法律平等保护。"并规定民事主体依法享有物权、债权、知识产权、股权和其他投资性权利，自然人依法享有继承权。

【出处】《房地产经纪专业基础》(第四版) P243

79.【答案】ABC

【解析】遗产处理的先后顺序是遗赠扶养协议、遗嘱继承或遗赠、法定继承，即优先考虑遗赠扶养协议，其次考虑遗嘱继承或遗赠，最后考虑法定继承。

【出处】《房地产经纪专业基础》(第四版) P279

80.【答案】ABDE

【解析】根据马斯洛需要层次论，人的需要按照先后顺序和高低层次分为：生理需要、安全需要、爱与归属需要、尊重需要、自我实现需要。需要层次理论认为，人们通常是先满足较低层次的需要，然后去关注较高层次的需要，只有较低层次的需要得到满足或部分得到满足后，较高层次的需要才有可能产生。当一种需要基本得到满足后，就会失去对动机和行为的支配力量，转而由新的占优势的需要起支配作用。

【出处】《房地产经纪专业基础》(第四版) P292

81.【答案】D

【解析】最常见的有等额本息和等额本金还款方式两种。按月等额本金还款由于每月的还款额是递减的，较适合目前收入较高、还款能力较强或预期收入可能逐渐减少的借款人。

【出处】《房地产经纪专业基础》(第四版) P218

82.【答案】AC

【解析】本题房屋所在小区北临一条主干道，则容易产生噪声污染；此外，距离房屋40米有一变电站，则容易产生辐射污染。

【出处】《房地产经纪专业基础》(第四版) P91、97

83.【答案】D

【解析】房地产金融方面的政策措施包括：收紧或放松个人住房贷款，比如对新增个人住房贷款规模、房地产贷款所占比例实施管控或放开；提高或降低个人住房贷款最低首付款比例、贷款利率、最高贷款额度、延长或缩短最长贷款期限；实施差别化住房信贷政策。

【出处】《房地产经纪专业基础》（第四版）P125

84.【答案】B

【解析】投资选择的多样性表现在经营方式的多样性，房地产投资的经营方式有出租、自营、转售等多种。

【出处】《房地产经纪专业基础》（第四版）P178

85.【答案】AB

【解析】主要动态盈利性评价指标有：① 财务净现值；② 财务内部收益率；③ 动态投资回收期。投资收益率、租金回报率、资本金收益率为静态盈利性指标。

【出处】《房地产经纪专业基础》（第四版）P192

86.【答案】AB

【解析】抢购心理是指当商品供不应求或要涨价时，如房源紧张或房价可能上涨的信息，会使人们产生紧张心理，担心买不到或价格上涨而出现争相购买，甚至恐慌性抢购。从众心理是指许多人争相购买的商品，即使自己对其不够了解，也可能在从众心理的驱使下购买。

【出处】《房地产经纪专业基础》（第四版）P305

87.【答案】AB

【解析】自然人不仅包括本国公民，还包括我国领域内的外国人和无国籍人。限制民事行为能力人指8周岁以上的未成年人和不能完全辨认自己行为的成年人。限制民事行为能力人只能独立进行与其辨认能力相适应的民事活动，其实施超过其辨认能力的民事法律行为需由其法定代理人代理或经其法定代理人同意、追认。

【出处】《房地产经纪专业基础》（第四版）P240

88.【答案】A

【解析】对于签订房屋买卖合同这种重要的民事行为，限制民事行为能力人和无民事行为能力人都不能直接以自己的名义签订，应由其法定代理人代为签订。

【出处】《房地产经纪专业基础》（第四版）P240

89.【答案】C

【解析】《民法典》第五百八十八条规定："当事人既约定违约金，又约定定金的，一方违约时，对方可以选择适用违约金或者定金条款。"这就是说，定金和违约金不能并用。至于是选择定金条款还是选择违约金条款，这一权利属于守约方。

【出处】《房地产经纪专业基础》（第四版）P266

90.【答案】BD

【解析】买卖合同有以下特征：有偿合同、双务合同、诺成合同、非要式合同。但房地产买卖合同属于要式合同。

【出处】《房地产经纪专业基础》（第四版）P267

91.【答案】A

【解析】容积率是指是指一定用地范围内建筑面积总和与该用地总面积的比值。162/110 约等于 1.47。

【出处】《房地产经纪专业基础》（第四版）P79

92.【答案】C

【解析】住宅建筑平均层数，即一定用地范围内住宅建筑总面积与住宅建筑基底总面积的比值所得的层数（即 162/16.2 = 10 层），10 层属于高层Ⅰ类。

【出处】《房地产经纪专业基础》（第四版）P82

93.【答案】D

【解析】常用的贴面材料有以下 3 类：① 陶瓷制品，如瓷砖、面砖、陶瓷锦砖等；② 预制块材，如仿大理石板、水磨石板等；③ 天然石材，如天然大理石板、天然花岗石板等。

【出处】《房地产经纪专业基础》（第四版）P65

94.【答案】A

【解析】电磁辐射污染源主要有高压输电线路、变电站、广播电视发射塔、卫星通信地面站、雷达站、移动通信基站、高频设备等。

【出处】《房地产经纪专业基础》（第四版）P97

95.【答案】AD

【解析】人文景观是指被人类活动改变过的自然景观，即自然景观加上人工改造所形成的景观。软景观是指软质的东西，如自然的树木、水体、和风、细雨、阳光、天空，以及人工植被、水流等仿自然景观，如修剪过的树木、抗压草皮、水池、喷泉等。题目中的名贵树木属于人文景观和软景观。

【出处】《房地产经纪专业基础》（第四版）P88

96.【答案】D

【解析】绿地率是指一定用地范围内各类绿地面积总和与该用地面积的比率（%），即为：10/25×100% = 40%。

【出处】《房地产经纪专业基础》（第四版）P80

97.【答案】D

【解析】分区分压给水适用于层数较多的建筑中室外配水管网的水压仅能供下面楼层用水，不能供上面楼层用水的情况。为充分利用室外配水管网的水压，通常把给水系统分为低压（下）和高压（上）两个供水区，下区由室外配水管网水压直接给水，上区由水泵加压后与水箱联合给水。因此，住宅楼中一定楼层（如 7 层）以上的住宅，通常是二次给水。

【出处】《房地产经纪专业基础》（第四版）P43

98.【答案】BD

【解析】因为紧邻中学和公路高架桥，所以可能的噪声污染为社会生活噪声和交通运输噪声。

【出处】《房地产经纪专业基础》（第四版）P91

99.【答案】AD

【解析】财务内部收益率与财务净现值法的主要区别：财务净现值是一个数额，财务内部收益率是一个比率。财务净现值法需要预先设定一个折现率,而这个折现率在事先通常是很难确定的;财务内部收益率法则不需要预先设定一个折现率。

【出处】《房地产经纪专业基础》(第四版)P193

100.【答案】BCD

【解析】当计算出财务内部收益率的值后,需要将它与一个收益率进行比较。

【出处】《房地产经纪专业基础》(第四版)P193

房地产经纪专业基础模拟卷答案解析（二）

1.【答案】A

【解析】房地产的供给有限特性使得房地产具有独占性和垄断性。一定区位特别是区位较好的房地产被人占有后，则占有者可以获得特定的生活或工作、生产场所，享受特定的光、热、空气、雨水和风景（如海水、阳光、沙滩、新鲜空气）等，他人除非付出一定的代价，否则一般无法占有和享用。

【出处】《房地产经纪专业基础》（第四版）P7

2.【答案】A

【解析】建筑面积＝套内建筑面积＋公摊面积，套内建筑面积＝套内使用面积＋套内墙体面积＋套内阳台面积。由此可见，同一套住宅，建筑面积最大，套内建筑面积次之，使用面积最小。

【出处】《房地产经纪专业基础》（第四版）P17

3.【答案】C

【解析】《住宅设计规范》GB 50096—2011 规定，住宅层高宜为 2.80m，卧室、起居室（厅）的室内净高不应低于 2.40m，厨房、卫生间的室内净高不应低于 2.20m。

【出处】《房地产经纪专业基础》（第四版）P13

4.【答案】A

【解析】房产分户图也称为房产分户平面图，是以产权登记户为绘制对象，以一户产权人为单位，表示房屋权属范围的细部，以明确异产毗连房屋的权利界线，是房屋产权证的附图。

【出处】《房地产经纪专业基础》（第四版）P23

5.【答案】D

【解析】按层数划分时，1～3 层为低层住宅，4～9 层为多层住宅，10 层及以上为高层住宅。

【出处】《房地产经纪专业基础》（第四版）P10

6.【答案】D

【解析】房产分户图也称为房产分户平面图，是以产权登记户为绘制对象，以一户产权人为单位，表示房屋权属范围的细部，以明确异产毗连房屋的权利界线，是房屋产权证的附图；宗地图是通过实地调查绘制的。

【出处】《房地产经纪专业基础》（第四版）P23

7.【答案】C

【解析】砖混结构建筑的层数通常在 6 层以下，抗震性能较差，开间和进深的尺寸及层高都受到一定限制。

【出处】《房地产经纪专业基础》(第四版) P33

8.【答案】A
【解析】钢结构建筑的强度高、抗震性能好，但耐火性、耐腐蚀性较差。
【出处】《房地产经纪专业基础》(第四版) P33

9.【答案】D
【解析】当建筑场地的上部土层较弱、承载力较小，不宜采用在天然地基上作浅基础时，宜采用桩基础。
【出处】《房地产经纪专业基础》(第四版) P38

10.【答案】B
【解析】过梁是设置在门窗等洞口上方的承受上部荷载的构件。
【出处】《房地产经纪专业基础》(第四版) P41

11.【答案】B
【解析】分区分压给水适用于层数较多的建筑中室外配水管网的水压仅能供下面楼层用水，不能供上面楼层用水的情况。
【出处】《房地产经纪专业基础》(第四版) P43

12.【答案】C
【解析】设置水箱给水适用于室外配水管网的水压在一天中有高低变化，需要设置屋顶水箱的情况。
【出处】《房地产经纪专业基础》(第四版) P44

13.【答案】A
【解析】材料的耐磨性与其成分、结构、强度、硬度等有关。材料的硬度越大，耐磨性越好。
【出处】《房地产经纪专业基础》(第四版) P54

14.【答案】A
【解析】贴面类饰面的优点是坚固耐用、装饰性强、容易清洗；其缺点是有可能脱落，对人体等造成伤害。
【出处】《房地产经纪专业基础》(第四版) P65

15.【答案】C
【解析】涂料类墙面的主要特点是遮盖力强、颜色种类多、装饰性较好、可以擦洗、维护方便、成本较低。
【出处】《房地产经纪专业基础》(第四版) P67

16.【答案】C
【解析】小城市是指城区常住人口50万以下的城市。
【出处】《房地产经纪专业基础》(第四版) P73

17.【答案】B
【解析】成熟阶段也称为饱和阶段，城市化率达到70%以上，其特征是城市化水平很高，城市化速度减慢，城市化基本完成，人口主要在城镇之间流动，特别是从中小城镇流向少数大城市，并会回到以熟人社区为主。
【出处】《房地产经纪专业基础》(第四版) P78

18.【答案】A

【解析】城市绿线是指城市各类绿地范围的控制线。

【出处】《房地产经纪专业基础》(第四版)P81

19.【答案】C

【解析】外部折旧是指因建筑物以外的各种不利因素造成的建筑物价值减损。不利因素可能是经济因素,如市场供给过量或需求不足。

【出处】《房地产经纪专业基础》(第四版)P169

20.【答案】B

【解析】园林景观的特点有:① 园林景观是固定在某处的标志性景观;② 美是园林景观的标志;③ 园林景观是心理和生理的共同表现;④ 园林景观需要不断护理。

【出处】《房地产经纪专业基础》(第四版)P87

21.【答案】D

【解析】根据污染物分布的范围,分为局部性污染、区域性污染、全球性污染等。

【出处】《房地产经纪专业基础》(第四版)P89

22.【答案】C

【解析】飘尘是直径在 $10\mu m$ 以下的颗粒物,颗粒相对较小,不易沉降,能长时间在空中飘浮。

【出处】《房地产经纪专业基础》(第四版)P93

23.【答案】A

【解析】自用性需求是购买房地产后自己使用的需求,即"为用而买"的需求。

【出处】《房地产经纪专业基础》(第四版)P108

24.【答案】D

【解析】国有建设用地使用权出让市场因为政府是唯一供应者,其垄断性最强,可以说是完全垄断市场,具体是卖方(政府)垄断市场。

【出处】《房地产经纪专业基础》(第四版)P120

25.【答案】C

【解析】特殊性需求是为了特殊需要而购买房地产,比如为了子女上优质中小学校而购买所谓的"学区房",为了将户口迁入而买房。

【出处】《房地产经纪专业基础》(第四版)P109

26.【答案】B

【解析】目前我国的房地产市场中,二手住房买卖市场因为是众多的"小业主"供应,其竞争性较强,一般属于垄断竞争市场。

【出处】《房地产经纪专业基础》(第四版)P120

27.【答案】D

【解析】建筑物外部折旧的各种不利因素包括经济因素、区位因素(如周围环境改变,包括原有的较好景观被破坏、自然环境恶化、环境污染、交通拥挤、城市规划改变等),也可能是其他因素。

【出处】《房地产经纪专业基础》(第四版)P169

28.【答案】B

【解析】电梯速度慢、载重量小，属于功能不足导致的建筑物价值减损，即功能落后。

【出处】《房地产经纪专业基础》（第四版）P168

29.【答案】B

【解析】楼面地价＝土地总价／总建筑面积，其中土地总价为地块面积乘以土地单价，故楼面地价为 1500×10000/30000＝500（元/m²）。

【出处】《房地产经纪专业基础》（第四版）P135

30.【答案】A

【解析】人口数量增多，数量越大，则对房地产的需求就会增加，房地产的价格也会随之增长。

【出处】《房地产经纪专业基础》（第四版）P145

31.【答案】B

【解析】如果买方不了解交易对象或市场行情，盲目购买，成交价格往往偏高。

【出处】《房地产经纪专业基础》（第四版）P158

32.【答案】B

【解析】从收益法的观点看，房地产价格取决于未来净收益的大小、获取净收益期限的长短、获取净收益的可靠程度。估价之前可以采用比较法求取该住宅的租金水平、空置率和运营费用等。

【出处】《房地产经纪专业基础》（第四版）P161

33.【答案】C

【解析】房地产投机是指不是为了使用或出租而是为了出售而购买房地产，购买后伺机出售，然后伺机再购买，利用房地产价格涨落变化，以期从价差中获利的行为，即通过炒买炒卖房地产赚钱，最常见的是"炒房"。

【出处】《房地产经纪专业基础》（第四版）P108

34.【答案】A

【解析】将现值转换为等额年金的公式 $A = P\dfrac{i(1+i)^n}{(1+i)^n - 1}$，该居民的月还款额为：$1000000 \times (1-30\%) \times (6\%/12) \times (1+6\%/12)^{(20 \times 12)} / [(1+6\%/12)^{(20 \times 12)} - 1] = 5015$ 元。

【出处】《房地产经纪专业基础》（第四版）P186

35.【答案】B

【解析】当各年净现金流量不相同时，静态投资回收期 $Pb' =$ 累计净现金流量开始出现正值的年份数－1＋上年累计净现金流量的绝对值／当年净现金流量值＝4－1＋4000/8000＝3.5。

【出处】《房地产经纪专业基础》（第四版）P191

36.【答案】D

【解析】房地产投资风险包括比较风险、政策风险、市场周期风险、市场波动风险、市场利率风险、通货膨胀风险、收益现金流风险、时间风险、持有期风险、流动性风险、或然损失风险、政治风险。

【出处】《房地产经纪专业基础》（第四版）P197

37.【答案】B

【解析】城市蓝线是指城市规划确定的江、河、湖、库、渠和湿地等城市地表水体保护和控制的地域界线。
【出处】《房地产经纪专业基础》（第四版）P81

38．【答案】A
【解析】基本法律是指全国人民代表大会制定的法律，如《中华人民共和国民法典》《中华人民共和国个人所得税法》等。
【出处】《房地产经纪专业基础》（第四版）P228

39．【答案】D
【解析】国务院部门规章简称部门规章，如《房地产经纪管理办法》《商品房屋租赁管理办法》《城市房地产抵押管理办法》《房地产广告发布规定》等。
【出处】《房地产经纪专业基础》（第四版）P228

40．【答案】C
【解析】监督批评权：消费者享有对商品和服务以及保护消费者权益工作进行监督的权利。
【出处】《房地产经纪专业基础》（第四版）P233

41．【答案】C
【解析】公平原则要求民事主体在从事民事活动时要公平对待，双方之间的权利和义务应当对等。恶意串通损害他人利益，利用他人处于危困状态、缺乏判断能力等情形而进行的显失公平的民事行为，都是违反公平原则的。
【出处】《房地产经纪专业基础》（第四版）P238

42．【答案】D
【解析】按照诚信原则的要求善意行事，例如在着手与他人开展民事活动时应如实告知交易方自己的相关信息，表里如一，不弄虚作假。
【出处】《房地产经纪专业基础》（第四版）P239

43．【答案】D
【解析】物权的支配力使其具有排他效力、优先效力和追及效力。债权仅有请求力。
【出处】《房地产经纪专业基础》（第四版）P250

44．【答案】C
【解析】物权的分类：① 不动产物权和动产物权；② 主物权和从物权；③ 自物权和他物权；④ 完全物权和限制物权；⑤ 无限期物权和有限期物权。
【出处】《房地产经纪专业基础》（第四版）P252

45．【答案】D
【解析】承租人可以解除租赁合同的情形有：① 因租赁物部分或全部毁损、灭失，致使不能实现租赁合同目的的；② 租赁物危及承租人的安全或健康的，即使承租人订立租赁合同时明知该租赁物质量不合格；③ 不定期租赁的承租人可以随时解除租赁合同，但应在合理期限之前通知出租人。
【出处】《房地产经纪专业基础》（第四版）P270

46．【答案】A
【解析】耐水性是指材料在饱和水作用下不破坏，强度也不显著降低的性质。

【出处】《房地产经纪专业基础》(第四版)P53

47.【答案】A

【解析】住宅是最常见、量大面广的房地产,同时存在大量的买卖和租赁活动,是房地产经纪的主要对象。

【出处】《房地产经纪专业基础》(第四版)P9

48.【答案】B

【解析】存量住宅中,通常把房龄较短(一般在5年以内)的,称为次新房;房龄较长(一般超过10年)的,称为旧房;房龄很长(一般超过30年)的,称为老旧住宅。

【出处】《房地产经纪专业基础》(第四版)P9

49.【答案】D

【解析】根据《民法典》规定,民事主体参加民事活动应当遵循平等原则、自愿原则、公平原则、诚信原则、守法和公序良俗原则、绿色原则。

【出处】《房地产经纪专业基础》(第四版)P237

50.【答案】AC

【解析】消费者的情绪具有短暂性和不稳定性的特点,并伴有情景性和冲动性。独立性属于消费者思维的特点。

【出处】《房地产经纪专业基础》(第四版)P287

51.【答案】ABC

【解析】房地产是不可移动的财产,既与家具、家电、汽车等动产有本质不同,又与商标、特许经营权等无形资产有实质区别,是实物、权益、区位的"三位一体"。

【出处】《房地产经纪专业基础》(第四版)P3

52.【答案】ACDE

【解析】住宅适用性能评定内容包括:① 单元平面;② 住宅套型;③ 建筑装修;④ 隔声性能;⑤ 设施设备;⑥ 无障碍设施。

【出处】《房地产经纪专业基础》(第四版)P15

53.【答案】ABC

【解析】根据建筑结构的分类可分为砖木结构建筑、砖混结构建筑、钢筋混凝土结构建筑、钢结构建筑、其他结构建筑。

【出处】《房地产经纪专业基础》(第四版)P33

54.【答案】ACD

【解析】根据墙体的构造方式,分为实体墙、空心墙和复合墙。

【出处】《房地产经纪专业基础》(第四版)P40

55.【答案】CDE

【解析】整体类地面是直接施工在混凝土垫层上的整体式面层,主要有水泥砂浆地面、混凝土地面、水磨石地面。

【出处】《房地产经纪专业基础》(第四版)P68

56.【答案】BCD

【解析】壁纸的主要特点是色彩花型丰富、档次品位较高、环保性好、性价比较高、更换容易、清洁方便、耐久性较好。

【出处】《房地产经纪专业基础》（第四版）P67

57.【答案】ABE

【解析】社会环境是指由人与人之间的各种社会关系所形成的环境。对于买卖或租赁某套住宅的人来说，该住宅所在地区的居民职业、收入水平、文化素养、民族、宗教信仰、年龄、犯罪率等，都是其社会环境。

【出处】《房地产经纪专业基础》（第四版）P85

58.【答案】ACD

【解析】完全垄断市场是指由一个卖者或一个买者控制的市场。通常多指由一个卖者控制的市场，称为卖方完全垄断市场，简称卖方垄断市场。卖方完全垄断市场有以下3个特征：① 只有一个卖者，而买者较多；② 商品或服务无相同或相近的替代品，即供给者提供的商品或服务是没有合适替代品的独特商品或服务；③ 新的供给者不能进入市场，潜在竞争与现实竞争一样是不存在的。

【出处】《房地产经纪专业基础》（第四版）P119

59.【答案】ADE

【解析】烟囱属于固定源、高架源、点源。

【出处】《房地产经纪专业基础》（第四版）P90

60.【答案】ABCD

【解析】在实际交易中，只有当买方最高出价高于或等于卖方最低要价时，交易才可能成功。因此，在一笔成功的房地产交易中，买卖双方的成交价必然高于或等于卖方最低要价，低于或等于买方最高出价。

【出处】《房地产经纪专业基础》（第四版）P133

61.【答案】CD

【解析】增加房地产持有环节的税收，比如开征按评估值、每年征收的房地产税，一方面会增加房地产持有成本，减少收益性房地产的净收益，从而使自用性需求者倾向于购买较小面积的房地产，并抑制房地产投资和投机，进而减少房地产需求，所以价格下降，A项错误。低收入者收入增加对房地产市场影响比较小，B项错误。买方市场下减少房地产开发环节的税收，会使房地产价格下降，E项错误。

【出处】《房地产经纪专业基础》（第四版）P151

62.【答案】CDE

【解析】比较法适用的估价对象是同类数量较多、有较多交易且具有一定可比性的房地产，收益法并不适用，A项错误。特殊厂房和在建工程不适用比较法，B选项错误。

【出处】《房地产经纪专业基础》（第四版）P153

63.【答案】DE

【解析】选取的可比实例应符合以下4个基本要求：① 可比实例房地产应与估价对象房地产相似；② 可比实例的交易方式应适合估价目的；③ 可比实例的成交日期应尽量接近价值时点；④ 可比实例的成交价格应尽量为正常价格。

【出处】《房地产经纪专业基础》（第四版）P154

64.【答案】AB

【解析】资金存在的时间价值的原因包括机会成本、通货膨胀、承担风险和资金增值。

【出处】《房地产经纪专业基础》（第四版）P180

65.【答案】ABCD

【解析】合同的特征：（1）是平等主体之间的民事法律关系。（2）是两方以上当事人自愿进行的民事法律行为。（3）是关于民事权利义务关系的协议。（4）是具有相应法律效力的文件。

【出处】《房地产经纪专业基础》（第四版）P258

66.【答案】ABE

【解析】承诺必须由受要约人向要约人作出。由于要约原则上是向特定人发出的，所以只有接受要约的特定人即受要约人才有权作出承诺，受要约人以外的第三人无资格向要约人作出承诺。同时，承诺必须向要约人作出，如果向要约人以外的其他人作出，则只能视为对他人发出新的要约，不能产生承诺效力。承诺必须在规定的期限内到达要约人，只有到达要约人时才能生效。

【出处】《房地产经纪专业基础》（第四版）P261

67.【答案】ABDE

【解析】房地产建设成本主要包括前期费用、建筑安装工程费、基础设施建设费、公共配套设施建设费、其他工程费和开发期间税费。

【出处】《房地产经纪专业基础》（第四版）P167

68.【答案】AD

【解析】动态盈利性评价指标包括：① 财务净现值；② 财务内部收益率；③ 动态投资回收期。而投资回收期指标包含动态和静态两种。

【出处】《房地产经纪专业基础》（第四版）P192

69.【答案】BCD

【解析】房地产价格内容：土地取得成本、建设成本、管理费用、销售费用、投资利息、销售税费、开发利润。

【出处】《房地产经纪专业基础》（第四版）P167

70.【答案】ACD

【解析】根据门的功能，分为防盗门（入户门一般应为防盗门）、安全门、防火门、隔声门、节能门、封闭门等。折叠门和平开门是按照门的开启方式分类。

【出处】《房地产经纪专业基础》（第四版）P40

71.【答案】ACDE

【解析】影响得房率大小的因素主要有：① 建筑形式；② 建筑结构；③ 外墙厚度；④ 房间数量。

【出处】《房地产经纪专业基础》（第四版）P20

72.【答案】ACE

【解析】根据建筑施工方法的分类可分为现浇现砌式建筑、装配式建筑和部分现浇现砌、部分装配式建筑。

【出处】《房地产经纪专业基础》（第四版）P33

73.【答案】BCD

【解析】集中供暖的优点是安全、可靠、清洁、可全天候供暖，费用较低；缺点是供暖的时间和温度不能自己控制。

【出处】《房地产经纪专业基础》(第四版) P46

74.【答案】CDE

【解析】涂料类饰面的优点是自重轻、维修方便、更新快，无论涂料出现开裂还是脱落，都不会对人体造成伤害，而且涂料可配成所需的各种颜色；其缺点是容易褪色，耐久性较差。

【出处】《房地产经纪专业基础》(第四版) P65

75.【答案】ABC

【解析】室内墙面的种类包括抹灰类墙面、涂料类墙面、裱糊类墙面、贴面类墙面、罩面板类墙面。

【出处】《房地产经纪专业基础》(第四版) P67

76.【答案】BC

【解析】在交易当事人为了避税等而不实申报成交价的情况下，申报的成交价或网签成交价为名义价格，真实的成交价为实际价格。房地产交易税费都由买方负担下的价格是卖方净得价。不是一次付清的价格为名义价格。

【出处】《房地产经纪专业基础》(第四版) P138

77.【答案】ABCD

【解析】起价、标价、成交价、特价和均价是新建商品房销售中较常见的几种房价。

【出处】《房地产经纪专业基础》(第四版) P140

78.【答案】ABE

【解析】比较法适合住宅，写字楼，商铺，标准厂房，房地产开发用地等，不适合行政办公楼，博物馆等很少发生交易的房地产。

【出处】《房地产经纪专业基础》(第四版) P153

79.【答案】CD

【解析】收益法适用的估价对象是有收益或有潜在收益的房地产，如住宅（特别是公寓）、写字楼、商铺、宾馆、停车场等。城市公园和行政办公楼不能产生收益。

【出处】《房地产经纪专业基础》(第四版) P161

80.【答案】BE

【解析】房地产投资项目经济评价指标中，财务净现值、财务内部收益率、动态投资回收期为动态盈利性指标。投资收益率、租金回报率、资本金收益率为静态盈利性指标。

【出处】《房地产经纪专业基础》(第四版) P189

81.【答案】A

【解析】月房产支出与收入比＝（本次贷款的月还款额＋月物业管理费）/月均收入，即（8320＋3×120）/20000＝43.4%。

【出处】《房地产经纪专业基础》(第四版) P215

82.【答案】ABD

【解析】等额本息还款方式下，每月还款额相同，还款压力均衡，较适合预期收入变化不大或目前有一定积蓄及预期收入有所增加的借款人。等额本息还款并不比等额本金有利率的不同。

【出处】《房地产经纪专业基础》(第四版) P218

83.【答案】D

【解析】中国银行业监督管理委员会要求应将借款人住房贷款的月房产支出与收入比控制在50%以下（含50%），月所有债务支出与收入比控制在55%以下（含55%）。

【出处】《房地产经纪专业基础》(第四版) P215

84.【答案】A

【解析】抵押房地产的价值是确定抵押贷款金额的基本依据。

【出处】《房地产经纪专业基础》(第四版) P211

85.【答案】D

【解析】张某对拟购买住宅楼的位置、环境、基础和公用设施等，都有了全面详细的了解，属于理智型性格的人。

【出处】《房地产经纪专业基础》(第四版) P289

86.【答案】A

【解析】容积率＝总建筑面积/建筑用地面积。建筑用地面积不含代征地面积。地上总建筑面积＝4×1200×13＋2×1100×20＋3000＝109400平方米，建筑用地面积＝规划占地面积－代征地面积＝36250－3000＝33250平方米。故容积率＝109400/33250＝3.29。

【出处】《房地产经纪专业基础》(第四版) P79

87.【答案】AD

【解析】板式住宅简称板楼，是由多个住宅单元拼接、每个单元一梯二至三户，或采用长廊式、各住户靠长廊连在一起，且其主要朝向建筑长度与次要朝向建筑长度之比大于2的住宅。塔式住宅又称点式住宅，简称塔楼，是以共用楼梯或电梯为核心布置多套住房，且其主要朝向建筑长度与次要朝向建筑长度之比小于2的住宅。

【出处】《房地产经纪专业基础》(第四版) P12

88.【答案】B

【解析】从建筑平面图上可以看出以下内容：① 建筑物的平面形状，出口、入口、走廊、楼梯、房间、阳台等的布置和组合关系；② 建筑物及其组成房间的名称、尺寸和墙厚；③ 走廊、楼梯的位置及尺寸；④ 门、窗的位置及尺寸；⑤ 台阶、阳台、雨篷、散水的位置及尺寸；⑥ 室内地面的高度。

【出处】《房地产经纪专业基础》(第四版) P26

89.【答案】D

【解析】期房价格＝现房价格－预计从期房达到现房期间现房出租的净收益的折现值－风险补偿。20000－50000/100/（1＋5%）－20000×5%＝18524。

【出处】《房地产经纪专业基础》(第四版) P139

90.【答案】AC

【解析】眼光挑剔型购房人通常思维周密，喜欢挑小毛病，斤斤计较，态度高傲。对于这类购房者，不宜在气势上被其压倒，否则有可能得寸进尺，而宜向其强调房屋的优点及已经给予的优惠，让其感到现行购买方案已是最佳选择，促使其较快作出购买决定。

【出处】《房地产经纪专业基础》(第四版) P307

91.【答案】ACD

【解析】郑某应对房地产投资风险的方法为:(1)风险组合;(2)风险控制;(3)风险转移。

【出处】《房地产经纪专业基础》(第四版)P200

92.【答案】D

【解析】该家庭的月还款额计算如下:$A = P\dfrac{i(1+i)^n}{(1+i)^n-1} = 4000000 \times (1-40\%) \times 6\%/12 \times (1+6\%/12)^{12\times 20} / [(1+6\%/12)^{12\times 20}-1] = 17194$ 元。

【出处】《房地产经纪专业基础》(第四版)P223

93.【答案】AB

【解析】《城市房地产管理法》《商品房屋租赁管理办法》等房地产管理法规对房屋租赁有特殊规定,因此房屋租赁合同属于特殊租赁合同,本题中的合同有固定期限,所以为定期租赁合同。

【出处】《房地产经纪专业基础》(第四版)P269

94.【答案】AD

【解析】根据违约行为发生的时间,分为预期违约和届期违约。预期违约也称为先期违约,是指在合同履行期到来之前,一方当事人无正当理由明确表示或以自己的行为表明将不履行合同义务。届期违约也称为实际违约,是指在合同履行期到来之后,当事人不履行合同义务或履行合同义务不符合约定。餐饮企业拖延支付第二年租金的行为构成了届期违约、实际违约。

【出处】《房地产经纪专业基础》(第四版)P264

95.【答案】BC

【解析】政策风险是政府有关房地产的金融(如信贷、货币)、土地(如土地供应)、财税(如房地产税、土地增值税、契税、所得税等房地产税收)、住房保障(如大力发展保障性住房)、房地产市场管理(如限购、限价、限售)等政策的出台、调整或改变对房地产投资者收益目标的实现产生影响,从而给投资者带来损失。

【出处】《房地产经纪专业基础》(第四版)P197

96.【答案】C

【解析】高某欲购买高级住宅小区,希望自己有实力,有成就,有荣誉,有地位,有威望,得到他人的赞赏或高度评价等,属于尊重需要。

【出处】《房地产经纪专业基础》(第四版)P292

97.【答案】ABD

【解析】软景观是指软质的东西,如自然的树木、水体、和风、细雨、阳光、天空,以及人工植被、水流等仿自然景观,如修剪过的树木、抗压草皮、水池、喷泉等。

【出处】《房地产经纪专业基础》(第四版)P88

98.【答案】D

【解析】高某购房的名义价格即为房屋总价/住宅建筑面积,即 12162 元 $/m^2$,由于高某是在成交之日一次性付清的全款,所以扣除 3% 优惠的价格为实际价格。

【出处】《房地产经纪专业基础》(第四版)P138

99.【答案】AD

【解析】实木地板具有纹理和色彩自然、脚感舒适、保温隔热性能好、使用安全、装饰效果好等特点。

【出处】《房地产经纪专业基础》（第四版）P69

100.【答案】A

【解析】人造板材能够释放甲醛。所以应减少使用。

【出处】《房地产经纪专业基础》（第四版）P100

后　　记

　　本书编者团队希望从核心知识点、重要内容等层面，协助大家利用优质考题和仿真模拟试卷更轻松地复习过考，恳请广大读者提出宝贵意见，便于后期修订。

编者简介

杜岩
58安居客资深房产分析专家，深耕房地产行业15年。

刘惠鑫
58安居客培训赋能中心资深分析师。

赵汝霏
58安居客培训赋能中心职业资格考试内容教研负责人，从事房地产经纪相关工作近6年，其中3年考试钻研经验，主讲资格考试《房地产经纪职业导论》《房地产交易制度政策》《房地产经纪综合能力》课程，覆盖考试重点90%以上。

金梦蕾
58安居客培训赋能中心考试教研组高级教研员。2年习题册编写经验。擅长科目：《房地产经纪专业基础》《房地产经纪综合能力》。连续3年组织职业考试线上辅导工作，带班辅导学员过考率达80%以上。

侯蕴藝
58安居客培训赋能中心职业考试教研组新锐讲师，1年资格考试钻研经验，主讲协理课程内容，负责协理VIP班的答疑工作，并严格把控协理题库质量。

任芳芳
58安居客培训赋能中心高级讲师，7年房地产从业经验，其中5年房地产知识编写及相关命题经验，编写《房地产交易法律法规文件精选》《房地产交易知识库》《房地产经纪专业知识手册》等内容。

孙亚欣
北京正房科技联合创始人，全国房地产经纪专业人员职业资格考试人气讲师，北京房地产中介行业协会特聘讲师，全国房地产经纪人。从事房地产经纪相关工作十余年，组织线下讲座数百场，深受广大学员喜爱。

张莹
北京正房科技联合创始人，全国房地产经纪专业人员职业资格考试人气讲师，北京房地产中介行业协会特聘讲师，全国房地产经纪人。从事房地产经纪相关工作十余年，针对考点直击核心，让学员茅塞顿开，受益无穷。